사랑을 세어보는 밤

사랑을 세어 보는 밤

TCC 지음

좋은땅

사랑이라는 말 앞에서

사랑.
한 단어를 써 놓고, 며칠 동안 바라보기만 했습니다.
너무 감정적일까 봐, 가벼워 보일까 봐, 아니면 너무 진부해질까 봐….

사랑.
이 두 글자 앞에서 여러 마음을 마주했습니다.
말로는 닿지 않는 감정들. 이미 지나간 장면들. 사랑이라 부르기 망설였던 마음들까지. 하지만 결국 사랑을 쓰게 만든 건 나 역시 무언가를 사랑했고, 또 사랑받았기 때문이었습니다.

이 책에는 스물두 명의 사랑의 고백이 담겨 있습니다. 누군가에겐 지나간 사랑, 누군가에겐 지금 곁에 있는 사랑, 또 누군가에겐 아직 오지 않은 사랑일지도 모릅니다.

모양은 제각각 달라도 그 안에 담긴 진심은 같은 빛으로 반짝입니다. 색색의 별빛이 모여 하나의 밤하늘을 이루듯이요.

깊은 밤, 고요한 야경을 바라보고 있으면 사랑했던 순간들이 하나둘 떠오릅니다.

어떤 기억은 도시의 불빛처럼 선명하고, 어떤 감정은 달빛처럼 소중합니다. 어떤 추억은 잔잔한 가로등 아래 그리움으로 서 있습니다.

우리는 그 마음을 안고 오늘을 살아갑니다.
여전히 사랑을 쓰고, 사랑을 읽으며 살아갑니다.

이 책도 당신의 마음속에 사랑 하나로 남았으면 좋겠습니다. 그 사랑이 오래도록 당신 곁에서 고요히 빛나기를 바랍니다.

혜연 드림

목차

004   사랑이라는 말 앞에서

010   고요히 뿌리내린 첫사랑 | 최은아
020   설익은 날들, 익어 가는 마음 | 김동혁
026   너를 위한 사랑이 뭐라고 | 김현지
034   이제야 사랑을 한다 | 김효진
042   미친 사랑 | 윤기
052   사랑이란 단어 없이 사랑을 | 사유하
064   나의 모든 시작 위에 흐르는 멜로디 | 열정소나타
070   사랑 없인 아무것도 아니요 | 파잠아재
076   사랑을 다시 배우는 중입니다 | 윤슬인
086   초록빛 나, 사랑하는 중입니다 | 연율
096   나를 다시 주워 오는 것도 사랑입니다 | N잡러햅삐
108   사랑은 내가 피어날 때 온다 | 은은한 온도
116   나를 사랑해도 될까요? | 정아름

126	아버지와 나의 암묵적인 사랑규칙	박상현
136	그녀의 방은 노란빛이었다	혜연
144	짝사랑 중임을 고백합니다	김인희
152	사랑의 메신저	서윤하
160	23번째 심장이 멈추던 날	안진
168	그 자리에, 사랑은 꽃으로 핀다	도아J
176	결국 사랑은 시간이었다	김명주
182	바람에 흩어지지 않는 것	신선경
190	그날의 시처럼, 지금도	김홍례

고요히 뿌리내린 첫사랑

최은아

    처음 만났던 찰나의 순간부터, 나의 마음 한편 깊숙한 자리에 들어앉은 사람이 있다.
    단어만 떠올려도 설레는 그 이름, 첫사랑.
    그는 어린 시절부터 지금까지 30여 년을 세 한 번 내지 않고 내 마음 안에서 도무지 나가지를 않는다. 시간이 지나고 세월이 흐를수록 흐릿해질 만도 한데, 이상하리만치 그는 내 안에 또렷하게 남아 있다. 마치 나도 모르는 사이, 고요히 씨를 뿌리고 깊게 뿌리내린 나무처럼.

    초등학생 때 같은 반으로 그를 처음 만났다. 첫 마주침의 순간, 시간이 멈춘 것처럼 주위가 조용해지더니 마치 튀어나올 듯 쿵쾅거리는 나의 심장 소리만 들렸다. 내가 진심으로 좋아하게 될 사람이라는 것을 그를 보자마자 느낄 수 있었다. 어린 나이임에도 그런 강렬했던 감정이 처음이었기에 그때의 기억은 아직까지도 생생하다.

깎아 놓은 밤톨의 하얀 속살처럼 뽀얗고 고운 외모는 부잣집 도련님 같았지만, 우수에 젖은 듯한 눈빛이 보일 때면 나는 왠지 모를 아련한 느낌이 들었다. 말수는 적고 얌전하지만 똑 부러지는 성격에 공부를 참 잘하는 모범생 같은 아이였다.

마주칠 때마다 혹여라도 내 마음을 알아차릴까 두려워, 말 한마디 건네는 것조차 어려웠다. 그가 앉아 있는 자리를 몰래 바라보거나, 수업이 끝나면 교실 창문에서 햇살 가득한 운동장을 가로질러 하교하던 그를 바라보았다. 그의 뒷모습이 완전히 사라진 뒤에야 나도 집으로 향하곤 했다. 매일 바라보았던 뒷모습이었기에 그의 걸음걸이는 지금도 눈앞에 선하다.

어쩌다 말 한마디라도 나누게 되면 며칠이고 행복했지만 마음과는 반대로 일부러 짓궂은 장난을 걸어 그와 투닥거리기도 했다. 그런 투닥거림마저 즐거운 날들이었다. 그러나 감정 표현에 서툴기만 했던 어린 나는 고백 한 번 못 해 보고, 친구조차 되지 못한 채 초등학교를 졸업하게 되었다.

시간이 흘러 어느덧 스무 살이 넘은 어른이 되었고 그는 여전히 내 마음 안에 있었다. 수소문 끝에 용기를 내어 연락을 했고, 멋진 남자가 된 그와 다시 만날 수 있었다. 풋풋한 미소년에서

듬직하고 멋진 청년이 되었지만 웃는 얼굴과 걸음걸이만큼은 어릴 때 모습 그대로였다.

"네가 내 첫사랑이야."

긴 시간이 흘렀지만 나는 순수했던 초등학생 때의 마음 그대로였다. 오랜 시간 간직했던 마음에 용기가 더해지자 그는 나의 첫 남자친구가 되었다. 함께했던 날들은 아무것도 하지 않아도 미소가 절로 나오고 행복하기만 했다. 그의 웃는 모습을 보는 것만으로도 나는 마냥 좋았다. 손을 잡고 걷는 순간조차 특별하기만 했고, 공기마저 향기로운 날들이었다.

하지만 우리가 함께한 시간은 너무나 짧았다. 3개월도 채 되지 않아 헤어졌고, 나는 이유조차 알 수 없었다. 이별보다 나를 더욱 힘겹게 했던 건 이유를 모른다는 것이었다. 하염없이 스스로를 자책하며 보냈다. 내가 부족했을까 싶어 더 나은 사람이 되려고 애썼고, 일에 몰두하며 바쁘게만 살았다.

그렇게 몇 년의 시간이 흐른 뒤, 그의 친구를 통해서 뒤늦게 이별의 이유를 알게 되었다. 전혀 짐작조차 하지 못했던, 그의 상처와 힘겨웠던 날들 때문이었다. 아무것도 몰랐던 나 자신이 안타까웠고, 그가 안쓰럽기만 했다. 그토록 좋아했으면서 몰랐다는 이유만으로 그에게 아무런 도움도 되지 못했다는 것이 한없이 미안하기만 했다. 그동안 숨겨 두었던 그리움과 애틋함이 봇물 터지듯 터져 나왔다. 우리는 또다시 만나게 되었지만, 긴 세월이 무색하게도 세 번째 만남 역시 그리 오래 가지는 못 했다.

아무리 오랜 시간을 그리워하고 진심이라 할지라도 만날 수 없는 상황도 있고, 인연이 없다면 어떠한 노력을 한들 아무 소용이 없다는 것을 그와의 인연을 통해 깨달았다.

그 이후, 다른 사람을 만나 보려 무던히 노력했지만 내 마음은 늘 고요한 바다처럼 잔잔하기만 했다.

이루어지지 못한 첫사랑이기에 잊기 위해 애를 쓰고, 내 안에 자리하고 있는 그를 내보내려 안간힘을 썼다. 하지만 내 안에 자리 잡은 그의 존재는 마치 뒤돌아 앉아 들은 체도 하지 않는 듯 그대로 머물러 있었다.

손을 잡고 함께 걸었던 거리 곳곳에 그의 흔적이 고스란히 남아 있어 더 잊을 수가 없었다. 몹시도 그리운 날에는 그가 일하는 건물, 길 건너편에서 초등학생 때처럼 몰래 바라보다 돌아오기도 했다.

사무치는 그리움으로 나도 모르게 그에게 다시 다가갈까 두려워졌다. 기억이 머무는 곳을 떠나야만 그리움이 사라지고, 잊힐 것 같아 결국 나는 고향인 대전을 떠났다.

팍팍한 서울살이에 잊은 듯 바쁘게 살다 보니 또다시 긴 시간이 흘렀다. 그리고 몇 해 전, 아주 오랜만에 그와 연락이 닿았다. 나는 그의 안부를 물었고, 그에게서 우리의 추억이 담긴 답을 받았다.

"솔직히 나는 너에 대한 기억이 많아. 너와의 기억은 특별하니까.
투닥거렸던 귀여운 학교에서의 추억.
대학생 때 해 주었던 너의 첫 연락.
나 걷는 거 좋아한다고 구두 신고 대책 없이 같이 걸어 주었던 것.
네가 쓰던 향수 냄새와 새까만 원피스.
당시 아르바이트에 치여 살던 내게 화나서 밤에 너희 집 앞을 찾아간 일들.

문자로 나눴던 대화. 네가 써 주었던 편지들.
같이 귤 까먹던 기억.
네가 얼마나 매력적이었는지.
그리고 내가 얼마나 정신적으로 몰려 있었는지.
너무 피곤했었지. 뭐... 항상 그랬었구나, 나는...
늘 너에게 미안했어. 미안하다고 말하고 싶었어..."

(중략)

 굽이 높은 구두를 신고 그의 손을 잡고 함께 걸었던 날, 기분이 어찌나 좋았던지 뒤꿈치가 다 까져 피가 흥건할 때까지 걸었음에도 전혀 아픈 줄도 몰랐다. 구름 위를 걷는다면 아마 그런 기분이 아닐까?
 그런 그날의 내 모습을 그 역시 기억하고 있었고, 내가 잊고 있던 나의 모습들까지 잊지 않고 마음 한편에 그대로 간직하고 있었다. 나는 그가 전한 글을 읽자마자 그 자리에 주저앉아 한참을 울었다. 무엇보다도 여전히 상처와 아픔으로 마음을 닫은 채 혼자 지내고 있다는 것이 시리도록 마음 아팠다.
 과거의 우리는 서로에게 미안해했고, 지금도 미안해한다. 우리는 서로 다른 듯하지만 닮아 있었다. 그리고 그가 전한 글에서 나라는 존재 역시 그의 마음속 어딘가에 특별한 추억으로 자리 잡고 있다는 것만으로도 나에게는 조금 위안이 되기도 했다.

그 시절의 그는 나에게 상처 주고 싶지 않아 이별을 택했고, 다가가지 않기 위해 나 모르게 우리 집 앞에 찾아왔다 그냥 돌아갔다. 나 역시 그랬기에 지금도 그의 마음이 여전하다는 것을 그의 글 속에서 어렴풋이나마 느낄 수 있었다.

첫사랑은 이루어지지 않는다는 말이 있다. 이루지 못했기에 아쉽기도 하고, 추억으로만 남긴 채 잊은 듯 살아가기도 한다. 서툴렀지만 가장 순수했던 그 시절의 우리 모습이 그리운 것일지도 모른다. 어쩌면 서로의 마음이 이루어질 만큼 크지 않았다거나, 간절하지 않았을 거라고 말하는 이도 있을 것이다. 하지만 시간이 흘러도 바래거나 사라지지 않는 마음도 분명 존재한다. 걷는 것을 좋아했던 그와의 추억 덕분에 내가 걷고 산책하는 것을 좋아하게 된 것처럼.

누군가의 마음속에 고요히 뿌리내리고, 한 사람의 인생 어딘가에서 함께 살아가기도 한다.

여전히 나는, 문득 그가 그리운 날들이 있다.

그리고 과거의 나와, 지금의 내가 변함없이 그에게 해 주고 싶은 말,

'그가 스스로를 가둔 채, 마땅히 누려야 할 자신의 행복을 결코 포기하지 않기를 진심으로 바란다. 나의 이러한 진심이 어딘가에, 누군가에게 닿아 그가 사랑을 듬뿍 받아 상처가 치유되어 꼭 행복해지기를.'

*

세상에는 다양한 형태의 사랑이 존재한다.

서로 사랑하는 사람들이 함께할 수 있다는 것, 그것만으로도 아마 가장 큰 축복이고 기적일 것이다. 나는 이러한 기적을 아직까지는 경험하지 못했기에 감히 사랑에 대한 정의조차 할 수 없고, 사랑에 대해 다 알지도 못한다. 내가 이야기하는 나의 첫사랑이 비록 지나간 사랑의 흔적 또는 추억으로 남을지라도, 서로의 행복을 비는 마음은 같지 않을까.

그 속에 그리움이 섞인 추억과 함께 마음 한편에 여전히 자리한 채 서로 만나지 않고 살아갈지라도, 그 또한 진심이 담긴 사랑이었음을 나는 믿는다.

설익은 날들, 익어 가는 마음

김동혁

'사랑'이라는 단어가 좋다. 때론 불같이 뜨겁고, 때론 얼음같이 차갑기도 하다. 무엇이든 꿰뚫는 창이 되기도, 모든 걸 막아 내는 방패가 되기도 한다. 사람뿐 아니라 어떤 행동이나 감정에도 적용될 수 있다는 점에서 더욱 매혹적이다. 이렇게나 다양한 매력을 가진 사랑이라는 존재를, 나는 아직 완전히 알지 못한다.

10대의 나에게 묻는다. "사랑이 뭐야?"
누군가를 좋아하는 마음, 그 이상의 감정. 하지만 사랑을 전혀 겪어 보지 못한 시절이었기에 눈에 보이는 것만 이야기했다. 함께 밥을 먹고, 시간을 보내고, 선물을 주고받는 것. 겉으로 드러난 행동들이 전부였다.

20대 초반의 나에게 또 묻는다. "사랑이 뭐야?"

가진 걸 쏟아붓고, 전력투구하고, 때로는 내키지 않는 일까지 참아 내는 것. 확실히 10대보다는 성숙해졌지만, 여전히 이론만 가득하고 실전 경험은 부족했다. 사랑이라는 감정은 책으로만 배울 수 있는 것이 아니었다. 직접 겪고 부딪혀 봐야만 알 수 있는 것들이 많았다. 그때의 나는 서툴렀고, 어딘가 허전했다.

맛있는 김치도 익으려면 시간이 필요하고, 새빨간 사과도 처음엔 초록색 풋사과였듯, 모든 일엔 저마다의 '준비 기간'이 존재한다. 지금 돌아보면 부끄럽고 아쉬운 장면도 많지만, 그때의 나에겐 그것이 최선이었다.

그 모든 시절을 나는 '풋사랑'이라 부르기로 했다. 완성된 상태로 시작하지는 못했지만, 완성을 향해 나아갔던 시간이었다. 처음에는 사랑이 사람에게만 향하는 줄 알았다. 그러나 시간이 흐르면서 깨달았다. 꼭 사람만이 아니라 무언가에 몰두하고, 마음을 기울이는 순간 또한 사랑이었다. 대상이 어떤 형태든, 마음을 다해 진심을 담은 시간은 모두 사랑을 위한 연습이었다.

첫 번째 풋사랑은 스물다섯에 빠졌던 공부였다. 1년 동안 네 번의 시험과 네 개의 합격증을 손에 쥐었다. 힘들고 벗어나고 싶던 날들도 있었지만, 어느새 공부라는 존재에 깊이 빠져 있었다. 그때 내겐 단순히 합격 점수 60점을 넘기는 것 이상의 목표가 있었다. 언젠가 이 지식들이 내게 큰 힘이 될 거라는 믿음도 있었고, 시작한 이상 제대로 해내고 싶었다. 어떤 시험은 여유롭게 통과했고, 어떤 시험은 작은 실수로 위태로웠다. 하지만 결국 기초를 탄탄히 쌓아 두었기에 모두 이겨 냈다. 앞으로 공부라는 대상에 다시 사랑의 감정을 느낄 수 있을지 모르겠지만, 그 시절을 통해 적어도 끈기와 몰입, 그리고 무엇보다 나 자신을 믿는 법을 배웠다.

두 번째 풋사랑은 스쳐 지나갈 줄 알았으나, 잠깐의 부딪힘으로 깊게 남아 버린 사람들이었다. 사랑이라 하기엔 짧고, 단순히 지나쳤다고 하기엔 복잡한 인연이었다. 처음부터 서로의 조각이 완벽하게 일치하는 관계가 얼마나 될까? 당연히 나도 아니었다. 맞지 않는 순간들 속에서 서로를 이해하기 위해 원래의 모양을 바꿔야만 했다. 그 과정에서 거울 속 낯선 나를 마주치며 웃고 울었다. 때로는 억지로 끼워 넣으려다가 부서진 조각도 있었다. 초반엔 금세 회복됐던 감정에 어느새 작은 균열이 생겼고, 시간이 흐를수록 깊어진 균열은 무너짐으로 끝났다.

오해가 쌓이고 기대는 실망으로 물들고, 결국 사랑은 질문을 남기는 감정으로 변화했다. 답을 찾지 못해 물음표만 자꾸 맴돌았지만, 돌이켜 보면 그것조차 사랑을 배우는 과정이었다. 온몸으로 겪어 내며 쌓인 데이터는 예상치 못한 순간에 닥친 감정을 조금 더 능숙하게 읽어 낼 수 있게 했다. 비슷한 상황에서는 흐름이 눈에 보이기 시작했고, 어느새 나만의 '감정 사용 설명서'가 만들어졌다. 물론 모든 감정이 설명서대로 움직이진 않았다. 처음에는 여전히 긴장했고, 익숙한 순간마저도 매번 다른 모습의 감정이 찾아왔다. 그렇게 몇 번이고 겪고 부딪힌 시간이, 조금씩 나를 사랑에 가까워지게 했다.

끈기와 몰입, 감정의 대처법. 서로 다른 두 가지 풋사랑이 가르쳐 준 것들이다. 가지를 하나하나 정리하며 맺은 열매는 이제 '진짜 사랑'으로 익어 가고 있다. 결국 내가 깨달은 사랑은 사람을 향한다는 것이다. 공부는 홀로 견디는 법을 가르쳐 나를 단단하게 다졌고, 과거의 사람들은 함께하는 시간 속에서 나 자신을 돌아보게 했다. 전혀 다른 결을 가진 사랑이었지만, 그 모든 경험은 자연스럽게 하나의 마음 안에 섞였고, 이제는 온전히 한 사람을 향한 사랑으로 이어지고 있다.

사랑은 삶을 이해하는 또 다른 언어다. 감정을 배운다는 건 나 자신을 깊이 들여다보는 일이기도 하다. 상대의 마음을 이해하기 위해선 먼저 내 마음을 이해해야 하고, 나를 알게 된 만큼 조금 더 가까이 다가갈 수 있다. 그래서 사랑은 항상 나를 성찰하게 만든다. 물론 가끔은 서로 어긋나고, 사소한 것에도 부딪히고, 이유 모를 짜증에 서로를 이해하지 못하는 순간도 있다. 하지만 과거의 경험으로 쌓아 둔 감정의 면역력 덕분에, 이제는 조금 더 여유 있게 함께 견뎌 낼 수 있게 됐다. 풋사랑의 서투름과 흔들림이 있었기에, 지금은 더 진심으로, 더 깊이 사랑하게 되었다.

함께라는 건, 단순히 옆에 있는 것만을 의미하지 않는다. 서로 다른 온도와 모양을 가진 두 사람이 만나고 충돌하고, 때론 고집을 꺾어 가며 천천히 물드는 과정이다. 지금의 사랑은 그렇게 조금씩 서로에게 스며드는 중이다. 웃음이 넘치는 날도 있고, 대화 없는 순간으로 채워진 날도 있다. 그 순간마저도 서로를 지탱해 주는 힘이 된다. 함께 살 집을 구하고, 밥을 먹고, 가끔은 말없이 걷는다. 침묵 속에서도 함께 있기에 괜찮다는 확신, 혼자서도 괜찮지만 함께일 때 더 좋은 삶이라는 것을, 점점 알아 가고 있다.

문득, 사랑이 끝난다 해도 삶은 계속될 거라는 생각이 든다. 그래서 지금의 사랑이 더 소중하고, 더 진중해진다. 영원하지 않을 수 있다는 가능성 앞에서 우리는 조금 더 다정하게, 조금 더 솔직하게 표현하게 된다. 말할 수 있을 때 사랑해 말하고, 안아 줄 수 있을 때 한 번 더 안아 주는 것. 이렇게 지금 사랑을 배워 가는 이 시간이 참 고맙다. 사랑은 언제나 같은 모양이 아니기에 매일 새로운 형태로 다가온다. 어제의 나와 오늘의 내가 다르듯, 어제의 사랑과 오늘의 사랑도 미세하게 달라진다. 매일의 마음을 질문하고, 매일의 감정을 꼼꼼히 들여다본다. 어떻게 하면 더 사랑할 수 있을지, 어떤 마음으로 함께해야 하는지 고민이 많아진다. 익숙하면서도 여전히 낯선 이 감정을, 서툴지만, 진심으로 안으며 살아간다. 그리고 무엇보다 지금의 사랑이 다시 풋사랑의 열매로 돌아가지 않도록, 오늘도 최선을 다해, 온 맘 다해 사랑할 것이다.

이제, 지금의 나에게 묻는다. "사랑이 뭐야?"
같이 익어 가는 것. 아직은 설익은 날도 있지만, 함께라면 결국 달아질 감정.

너를 위한 사랑이 뭐라고

김현지

사랑하면 제일 먼저 생각나는 사람은 엄마다.

엄마는 나보다 나를 나 자체로 인정해 주는 세상에 하나뿐인 사람이다. 아직은 사랑한다고 말할 수 있는 단 한 사람이라서 싸우고 다퉈도 좋은 것만 보게 해 주고 싶었다.

엄마가 새로운 사랑을 찾았기에 우리가 각자의 삶을 살게 되더라도, 나는 엄마와 함께한 시간을 추억할 수 있을 것 같다. 서로 마음 아팠던 순간들에도 서로를 생각하는 마음 하나는 같다고 믿으니까. 따로 살지만 가족이라는 건 변하지 않으니까.

사랑은 나에게 살아 있다는 감각이다. 이걸 깨닫는 데 오랜 시간이 걸렸다. 20대라면 느낄 수 있는 사랑, 연애. 나는 그것조차 어려웠다. 나에게 이성은 남자 연예인들이 시작이었을 것이다. 생각하면 가슴이 뛰고, 그 사람만 생각나고, 그 사람처럼 살고 싶고, 그 사람을 실망시키고 싶지 않은 마음을 가지게 해 준 사람들이었다. 나는 언제나 그 감정을 마음에 담아 두고 있었다. 그 감정이 나를 숨 쉬게 하고, 살아 있게 만들기 때문이다.

혼자 앓는 시간, 걱정하는 마음조차 사랑이라는 걸 알기에 다른 공간에 있지만 함께한다는 마음으로 버틸 수 있었다. 그런 존재를 깨닫게 해 주고 사랑이라는 감정을 느끼게 해 준 이는 남자 배우들인지, 남자 아이돌인지는 정확히 기억나지 않는다. 이제 온전한 내 사랑은 부모님이라는 걸 깨달았으니까. 아직 어색하고 어떻게 표현해야 할지는 모르겠지만 말이다.

직접 본 적도 없는 가수들의 리얼리티 프로그램을 보며 나는 학창 시절을 버텼다. 지금 생각해 보면 참 어리다고 느낄 수 있겠지만, 그때의 나에게는 내가 살아가는 이유였다. 삶을 드라마로 배웠고 대본을 써 볼까라는 생각도 했었다. 매일 밤 자정에 끝나는 드라마를 챙겨 보며 마음 속 빈틈을 채웠다. 그리 크지 않은 세상 속에서도 무언가를 열렬히 좋아하는 법을 배워 갔다. 그때 보았던 화랑에서 '뷔'를 보고 방탄소년단을 인식하기 시작했다. 다른 아이돌에게도 관심을 가지고 있었던 때라 존재만 인식했다.

대학생이 된 후, 내 인생엔 방탄소년단이 다시 찾아왔다. 순전한 우연이었다. 그때 군대 웹툰을 보고 빙의글을 알게 됐는데 주인공이 슈가였다. 내가 아는 슈가의 이미지와 본명인 민윤기의 갭차이가 나를 끌어들였다. 그렇게 책만 알던 내가 영상에 빠져들게 됐고, 글도 쓰게 되었다.

사랑에는 여러 가지 형태가 존재한다는 걸 알게 되었다. 사랑이라는 주제를 받았을 때, 고민하고 걱정했지만 글에서 배웠던 걸 내 언어로 써야 할 때가 왔다는 걸 깨닫게 되었다.

엄마를 생각하면 애틋하고 감사한데 긍정적인 부분만 있는 것은 아니다. 그래서 부모님의 사랑보다 연예인이 주는 힘이 더 컸다. 부모님의 입장을 이해하기 시작한 건 다른 사람들과 비슷하게 대학을 졸업하고 나서였다. 아무나 할 수 없는 사랑, 나에게 가수는 그 사실을 깨닫게 하는 통로였다. 가사의 한 줄, 인터뷰 속 한마디가 생명의 끈처럼 느껴지던 때가 있었다. 그래서 엇나가지 않을 수 있었다. 그 시기에 맞는 일을 하는 건 나의 본분이라는 부모님의 말이 잘 들어오지 않을 때였다.

"괜찮아, 넌 충분히 잘하고 있어.", "너 스스로를 사랑해야 해!"

그 말들을 듣기 위해 매일 시간 날 때마다 노래를 들었다. 방탄소년단이 언제나 나에게 알려 주었다. 그래서 노래 듣기를 멈출 수 없었다. 노래를 듣는 시간은 과거를 추억하게 하고 나의 무료함을 날려 주는 시간이었다. 가사를 통해 내 글과 생각을 적을 수 있는 계기도 되었다. 블로그의 시작도 어쩌면 방탄소년단이었으니까! 시간이 흐르며, 방탄소년단 멤버들이 솔로 활동을 시작하고 군 입대를 하게 되자, 자연스럽게 다른 팀이 눈에 들어왔다. 모든 것은 때가 있다는 말처럼 세븐틴이 그 빈자리를 채웠다. 처음엔 나 자신도 인정하지 못했지만 '입덕 부정기'를 지나 지금은 호시와 우지가 입대하는 9월을 준비하고 있다.

다시 시작된 내 가수의 군백기를 잘 버티기 위해 나에게 집중하기로 했다. 제일 먼저 시작한 것이 필사였기에 명언을 따라 쓰면서 나를 돌아볼 수 있었다. 글을 쓰기 위해서는 운동이 꼭 필요하다는 걸 느끼는 요즘이다. 작년에 우연히 5km 마라톤을 완주하고 달리기의 매력을 느껴서 올해 10km 마라톤을 신청했다. 마라톤을 뛰면서 들을 노래를 정리해 볼까 한다. 가수를 좋아하면서 알게 된 건 결국 스스로를 좋아하고 사랑해야만 타인과도 건전한 사랑을 할 수 있다는 것이다. 아이돌을 좋아한다는 것은 단지 노래를 듣고 영상을 보는 것이 아니다. 그들의 말과 표정, 무대 위에서의 태도를 보며 나도 더 괜찮은 사람이 돼야겠다고 다짐한다. 자신을 관리하며 일을 사랑하고, 사람들과 진심으로 소통하는 그들의 삶을 보며 나를 더 사랑하게 됐다. 그게 나에게는 분명히 사랑이었다.

하지만 세상은 그렇게 너그럽지 않다. '눈에서 멀어지면 마음에서도 멀어진다'는 말처럼, 직접 만나지 못하는 존재에 대한 사랑은 언제나 거리감이라는 벽을 마주하게 된다. 영상을 보지 않으면 점점 멀어지고, 음악을 듣지 않으면 익숙했던 감정도 희미해진다. 그래서 콘서트가 있고, 팬덤 문화가 있는 거겠지? 연예인이 자주 봐야 이어지는 관계라면, 가족은 멀리 있어도 함께라는 걸 느끼기에 가장 좋은 사람들이다.

내 삶에 다시 빈자리가 생겼다는 걸 느꼈던 날, 엄마는 이제 내가 다른 사람처럼 연애할 때가 됐다고 느끼신 것 같았다. '이제 정신 차렸네'라는 말은 이 시기에 할 수 있는 것은 다 해 봤으면 하는 엄마의 마음이었다.

예전에 봤던 광고의 한 장면이 떠오른다. '서른 살에 아이돌을 좋아하는 여자 vs 아이 돌잔치를 하는 여자' 그때의 나는 피식 웃었지만, 시간이 흐를수록 문득 걱정이 된다. "내가 그때도 아이돌에만 미쳐 있으면 어떡하지?"라는 생각에 마음 한편이 조금 시려진다. 그러나 나는 안다. 결혼하는 순간이 온다면 그 상대에게 누구보다 진심을 쏟을 나라는 걸. 가수를 통해 내 가정을 소중히 대하는 힘을 알게 됐고 다른 사람들에게 떳떳하게 가족을 소개할 수 있는 힘이 생겼다.

그럼에도 불구하고, 아직도 그들이 좋다.
이때가 아니면 느껴 보지 못할 감정들이다.

그들을 보며 살아 있음을 느꼈고, 그들이 아니었다면 나는 이만큼 자라지 못했을지도 모른다. 아이돌을 좋아했던 시간은 내 감정을 숨기지 않고 꺼내는 법을 알려 주었고, 사랑하는 법을 가르쳐 주었다.

사랑이 뭐라고, 우리는 이렇게 누군가를 오래도록 마음에 품고, 만날 수 없다는 이유만으로 애틋해지고, 그 사람을 생각하며 더 나은 사람이 되고 싶어질까? 그 사람의 한마디, 그 사람이 걸어간 한 걸음이 나의 하루를 움직이게 하고, 가끔은 다시 살아갈 힘을 준다. 그저 팬이었다고 말하기엔, 그건 너무 큰 감정이었다. 그 시간은 분명히 내 삶을 만들었고, 내 마음을 단단하게 지켜 준 사랑이었다. 세상의 기준과 타인의 시선보다 내가 누구를 사랑했고, 그 사랑으로 어떤 사람이 되었는지가 더 중요한 거 아닐까?

이제는 현실과 조화를 이룰 때가 왔다. 30대가 되면 정말로 내 가정을 꾸려야 할 테니까.
앞으로의 사랑도 궁금하지만 새로운 가족으로 피어날 우리 가족의 삶도 궁금하다.

이제야 사랑을 한다

김효진

 꽃 같던 20대 시절, 내 사랑은 늘 미저리 같았다. 사랑이라 부르기엔 어딘가 모르게 기울어져 있었고, 일상 속에서 내가 아닌 상대에게 온통 중심이 쏠려 있었다.
 외로울 때는 이성친구를 사귀면 안 된다고, 혼자 행복할 때 같이도 행복할 수 있다고 했는데 나는 그 말을 이해할 수 없었다. 외로움과 공허함은 늘 디폴트값으로 나를 따라다니는 애증 같은 존재였기 때문이다. 그걸 이성관계로 채울 수 있을 것이라고 생각했다.
 누군가를 좋아하게 되면 모든 시간이 정지한 것 같았다. 일도, 잠도, 밥도 나라는 사람 자체가 멈췄다. 상대가 내 마음의 태양이 되었고, 그 사람이 나를 바라보지 않으면 나는 금방 시들어 버리는 들꽃 같았다.
 그 사람 없이는 나의 존재 이유를 찾지 못했다. 카톡의 이모티콘 하나에도 의미를 부여하고, 답장이 안 오는 시간은 기나

긴 형벌처럼 느껴졌다. 잠깐의 잠수에도 온갖 최악의 시나리오를 그렸다.

일도 일상도 뒷전, 모든 감각과 신경세포가 그 사람을 향해 있었다. 그렇지 않다는 것을 알아도 마음은 나의 통제를 벗어났다. 사랑을 위해 내 자존감을 끊임없이 저당 잡혔다.

하루라도 만나지 않으면 버려진 아이처럼 불안했고, 바쁘다고 하면 "왜 오늘 못 봐?" "내가 찾아갈게." "연락 줘." 스스로가 만든 불안이라는 감옥에 갇혀서, 번번이 화를 내기도 일쑤였다.

어느 날은 남자친구의 집 비밀번호를 누르고 들어가서 기다린 적도 있었다.

그는 자정이 넘은 새벽이 되어서야 술에 취한 채 들어왔고, 나를 본 그의 얼굴에는 반가움이 아닌 당혹감과 냉소가 가득했다. 그 찰나의 표정을 나는 아직도 기억한다. 그 순간, 내 존재가 얼마나 부담이었는지를 느꼈다.

나는 그 집을 도망치듯이 나와 새벽 공기를 뚫고 택시를 타고 집에 돌아갔다.

감정은 신체화 증상으로 드러났다. 숨 한번 쉬는데도 명치끝에서부터 답답하기 그지없는 한숨을 쏟아내야 했고, 가슴이 먹먹했고, 뻥 뚫려 있는 것 같았다. 아니 공허함에 뻥 뚫려 있는 것 같았지만 모래 한 줌을 꿀꺽 삼킨 사람처럼 항상 마음속이 꺼끌꺼끌하고 답답했다.

 누군가 내게 조금만 다정하게 해 주면 바로 눈물을 쏟기도 했다.

 이 사람이 나를 떠나가면 저 사람을 만나고, 옆에 누군가가 항상 있어야 했기에 대상은 별로 상관없었던 것 같다. 이런 말 하는 것이 그들에겐 미안하지만 정말 아무나 만났다. 가장 오래 사귀었던 상대가 1년 남짓이었다. 그만큼 유효기간도 짧았고, 사랑 아닌 사랑을 하면서 혼자 남는 것이 두려워 차라리 계속 아프게 집착하는 것을 택했다.

 지금 돌아보면, 그건 사랑이 아니었다.

 이만큼 매달리고 있으니 너도 날 사랑해 줘. 이만큼 다 줬으니 넌 떠나면 안 돼.

 전 남자친구들을 저주하며 망해라, 벌 받아라, 내가 상처받은 만큼 똑같이 아파해라. 복수심에 칼을 갈기도 했다. 그러나 지금은 그들의 행복을 기도한다. 나를 스쳐 지나갔던 모든 사람들을 생각하며 이제 그들에게 사랑이 가득하길, 행복하길 바란다.

 사랑은 주는 것도, 받는 것도 중요하지만 무엇보다 '내가 나를 사랑할 수 있어야' 누구와도 건강하게 관계를 맺을 수 있다는 걸 뒤늦게 알았다. 그건 내가 나에게 보내는 SOS였다.
"제발 나 자신을 사랑해 줘."

지금 나는 달라졌다. 누군가에게 매달리지 않아도 내 하루가 충분히 의미 있고, 이성 간의 사랑이 아니더라도 모든 존재를 사랑스러운 눈으로 바라보고자 한다. 나 자신을 포함해서 말이다. 일상 속에서도 문득문득 나는 사랑을 느낀다. 그러면 나도 모르게 얼굴에 미소가 번진다.

내 곁에 있는 좋은 사람들에게 건네줄 꽃다발이나 허브티, 식물을 사는 것,
제 몸만큼이나 작은 자전거를 타고 지나가는 아이들, 할머니의 굽은 등,
조금 남루한 옷을 입고 묵묵히 일하는 노동자의 뒷모습,
고양이나 강아지와 눈 마주친 그 순간,
계절이 바뀌는 공기를 느끼는 순간,
초밥을 먹을 때 네타가 무지하게 긴 것을 발견하고 속으로 환호성을 지르는 것,
누군가와 말없이 같은 공간에 있는 것만으로도 편안함을 느끼는 순간,

엄마와 나란히 누워 도란도란 수다 떠는 밤,
조카들이 하루가 다르게 커 가는 모습을 보는 것,
차갑고 씁쓸한 커피 한 모금에 얼굴 위로 웃음이 번지는 순간,
같은 웃음코드로 '빵' 터지는 그 짧고 긴 모먼트,
패션감각이 좋은 사람들이 거리를 스치는 모습,
오랜만에 입은 옷이 조금 헐렁해져 잘 어울린다고 느낄 때,
지하철에서 노약자 어린이 임산부에게 자리를 양보할 때,
글을 쓰고 책을 읽으며 내 세계가 확장되는 감각,
명상처럼 몰입해 노래 부르는 순간,
곡을 쓰고 가사를 고민하며 나의 내면과 만나는 시간,
격한 운동을 하면서 비 오듯이 땀이 흐르고 숨이 차오르는 그 시간,

내가 나 스스로를 즐겁게 해 줄 수 있는 지금,
이제는 더 이상 집착하지 않는다.

사랑을 움켜쥐고 소유하는 것이 아니라 모든 존재에게 조심스레 나의 사랑을 건네고 싶다.
어쩌면 그게 진짜 사랑의 모양인지도 모르겠다. 그 시작은 다름아닌, 나 자신을 사랑하는 것이었다.

예전엔 몰랐다. 사랑은 늘 외부에서 와야 하는 줄 알았고, 누군가 나를 채워 줘야만 내가 존재할 수 있다고 믿었다. 내가 나를 사랑하기 시작하자, 마음의 빈자리는 천천히, 하지만 분명히 채워졌고 그 사랑은 나 혼자 간직하기엔 넘칠 만큼 커졌다.

그래서일까. 이제는 내 안에 피어난 이 사랑을 조금씩 나누고 싶다는 마음이 들기 시작했다. 바로 그 마음이 세상을 바라보는 나의 시선을 바꾸어 놓았다. 우리는 모두 사랑받기 위해 태어났다.

"내가 너에게 조건 없는 사랑을 주고 네가 나에게 조건 없는 사랑을 줄 수 있다면" 그렇게만 된다면, 정말로 아픔 없는 사랑도 가능하지 않을까?

그 사랑은 기대나 보상에서 자유롭고, 서로의 상처 그리고 흉진 마음마저도 품을 수 있을 만큼 넉넉한, 그런 사랑일 것이다.
물론 아직 완전하지는 않다. 때로는 과거의 나처럼 흔들릴 때도 있고, 작은 외로움에 마음이 출렁일 때도 있다. 하지만 이제는 안다. 나를 더 깊이 껴안아 줄 사람은 나 자신이라는 것을.
그러니 괜찮다. 지금처럼 하루하루, 내 안의 사랑을 키워 가며 그 따스함을 내가 만나는 사람들과 나눌 수 있다면, 그것만으로도 나는 충분히 잘 살아 내고 있는 것이다.

그 누구와의 사랑도 억지로 붙잡지 않고 자연스럽게 흘러가는 강물처럼 서로의 존재를 존중하며 머무는 사랑, 서로를 빛나게 하는 사랑을 할 수 있을 거라고 믿는다. 그리고 무엇보다도, 오늘도 나를 사랑하며 살아가려 한다.

사랑이란 결국, 누군가를 향해 달려가는 것도 좋지만 내 안에 천천히 자라나는 것일지도 모른다. 그리고 그 사랑이 넘칠 땐, 그저 조용히 내 옆에 있는 소중한 사람에게 건네면 된다.

오늘도 그 사랑을 건네며 살아간다.

미친 사랑

윤기

누구라도 그런 경험이 있을 거다. 어떤 것에 미쳐 봤던 경험. 나는 사진에 미쳤던 시절이 있었다. 이건 그때의 이야기다.

'기회가 된다면 다음에 함께하고 싶습니다. 저희 스튜디오에 지원해 주셔서 감사합니다.'

이번에도 탈락이었다. 20대 중반, 나는 캐나다 이민을 앞두고 있었다. 하지만 가족보다 타국으로 먼저 건너가 몇 년을 홀로 지내야 한다는 건 받아들이기 어려운 감정이었다. 평소에 느끼지 못했던 무력감이 일상을 지배했다. 아직 떠나고 싶지 않았다. 아니, 이렇게 쫓기듯 떠나는 게 싫었다. 무언지 알 수 없지만 '나'만의 흔적을 남기고 싶었다. 미치도록 사랑하는 일을 만나 모든 걸 쏟아내고 나면 후련한 마음으로 한국을 떠날 수 있을 것 같았다. 그런 고민 끝에 찾은 게 '사진'이었다.

학창 시절, 아버지의 오래된 필름 카메라로 친구들을 찍어 주던 추억의 잔상은 내게 행복과 설렘으로 각인되어 있었다. 피사체를 찾아 헤매는 괴로움마저 두근거림과 희열로 바꿔 버리는 것. 사진을 찍는 게 직업이 된다면 미치도록 사랑할 수 있을 거란 확신이 들었다. 커머셜 포토그래퍼(광고와 잡지를 주로 촬영하는 프로 상업 사진가)가 되겠단 생각을 했던 건 그때가 처음이었다. 그러기 위해선 그런 사진을 전문으로 촬영하는 스튜디오를 찾아야 했다. 수소문 끝에 겨우 인터뷰를 볼 수 있었다. 하지만 돌아오는 답은 언제나 '다음에 함께…' 였다. 스튜디오에서 원하는 건 사진 전공이란 타이틀과 포트폴리오였다. 당장은 어시스턴트에 지원한 것이라 포트폴리오는 운 좋게 넘어갈 수 있었지만 고작 취미로 사진을 찍던 내가 전공자를 찾는 그들의 눈에 매력적으로 보일 리 없었다. 왜 신중하게 전공을 선택하지 않았는지 처음으로 후회가 밀려왔다.

부모님은 내가 여전히 이민 준비를 열심히 하는 줄 아셨다. 하지만 어학원에 다녀오겠단 거짓말까지 하며 인터뷰를 보러 다녔고 캐나다로 떠날 시간은 점점 가까워지고 있었다. 물리적인 시간이 얼마 남지 않았기에 마음은 조금씩 타들어 가고 있었다. 스무 번 정도 채용 불가 메시지를 받았을 즈음이었다. 한

없이 기다리고만 있을 수 없어 새로운 기회를 찾아 열심히 구인 공고를 뒤졌다. 유독 한 스튜디오가 눈에 띄었다. 지원서를 내고 이틀 후 인터뷰를 보자는 연락을 받았다. 지금까지 갔던 곳 중 가장 큰 프로젝트를 하는 곳이었다. 이름만 들으면 누구나 아는 매거진을 메인으로 맡고 있었고 그 외에도 국내외 다수 기업의 광고 촬영, 사내외보, 패션디자이너 등과 굵직한 작업을 하고 있었다. 여기라면 내 모든 열정을 쏟아부을 수 있을 것 같았다. 이번만큼은 제발 거절당하고 싶지 않았다. 하지만 이런 스튜디오가 나를 채용할 이유를 찾기 어려웠다. 심지어 인터뷰 내내 비전공자는 뽑아 본 적이 없어 걱정된다는 말까지 들었다. 주눅이 들었지만 최선을 다해 내 장점과 열정을 어필했다. 할 수 있는 거라고는 그게 전부였다. 3차까지 이어진 인터뷰가 끝났다. 그러자 더는 구인 공고를 뒤적거리지 않아도 됐다. 수많은 거절 끝에 제일 가고 싶었던 스튜디오에서 일할 기회를 얻었으니까.

첫 출근 날. 선배들과 짧은 대면식을 마친 후 사수에게 어시스턴트 일과 스튜디오 관리 일을 배웠다. 며칠 후 실장님을(업계에서는 포토그래퍼를 '실장님'이라고 부른다) 처음 따라나선 건 유명 배우의 인터뷰 촬영이었다. 시간이 어떻게 지나갔는지 모를 만큼 정신없이 촬영을 마쳤다. 돌아오는 차 안에서 실장님이 말을 건넸다. 어려운 환경이었는데 생각보다 잘 해냈단 칭찬이었다.

스튜디오 일정은 단순했지만 빡빡했다. 한 달 중 2주는 휴일 없이 매거진 촬영에만 몰두했는데 이 시기엔 전쟁터를 방불케 했다. 그다음 1주는 광고, 기업 마케팅 행사, 사내외보, 여행 잡지 등의 촬영으로 분주해졌다. 가끔 선거철이나 서울패션위크 같은 대형 이벤트가 있을 땐 하우스 포토그래퍼(전속 사진가)로 바쁜 시간을 보내기도 했다.

마지막 1주는 정비 주였다. 쉼 없이 현장을 누빈 카메라와 렌즈, 조명 등 촬영 장비를 점검하고 문제 있는 건 A/S를 맡겼다. 장비만이 아니었다. 스튜디오의 한쪽을 차지한 호리즌(배경과 바닥을 곡선으로 만든 하얀색 벽)의 바닥은 몇 주간 수많은 모델이 남긴 발자국으로 시커멓게 변해 있었다. 다시 하얗게 만들려면 수성 페인트를 최소 네 번은 덧칠해야 했다. 흰옷을 되찾은 호리즌과 점검을 마치고 돌아온 촬영 장비를 보고 있자면 당장이라도 전장을 누빌 만반의 준비 태세를 갖춘 것 같이 마음이 든든해졌다. 이맘때는 스튜디오 식구들과 낮술을 하며 고충을 나누고 사진 토론을 하는 등 비교적 한가롭게 친목과 여유를 만끽할 수 있는 시간을 보냈다.

하루하루가 꿈만 같았다. 커머셜 사진은 내가 생각했던 것보다 훨씬 매력적이었다. 단 하루도 같은 환경이 없었고 단 한 번도 같은 사진을 찍지 않았다. 아니, 같은 사진을 찍는 건 업계에서 용납되지 않는 것이기도 했지만 포토그래퍼의 자존심이기도 해서 그런 일은 절대 일어나선 안 되는 거였다. 나는 그들의 프로 정신과 열정에 감동했었고 어느새 사진에 푹 빠져 버리고 말았다. 날마다 새로운 환경이 재밌기도 했지만 빠른 템포에 적응하고 성장하는 '나'를 보는 것도 신나는 일이었다. 촬영이 끝나면 모두가 퇴근할 때까지 기다렸다가 홀로 스튜디오에 남았다. 그런 후 틈날 때마다 현장에서 기록했던 손바닥만 한 메모장을 펼쳤다. 조명 장비를 설치하고 카메라를 삼각대 위에 앉힌 후 촬영장에서 실장님이 담았던 장면을 재현해 봤다. 실망스러웠다. 분명 실장님의 촬영 데이터를 그대로 기록했건만 내가 찍은 사진은 전혀 다른 모습이었다. 부모님을 속이면서까지 뛰어든 일인데 이 정도 수준이라는 게 속상했다. 하지만 적당히 할 생각 따위 없었다. 될 때까지 연습했다. 그래도 풀리지 않는 문제는 실장님께 도움을 구해 답을 얻었다. 그때 알게 됐다. 사진을 찍을 때 가장 중요한 건 '기술'이 아니라 촬영자의

'의도'라는 걸. 왜 그런 사진을 찍으려는지 아는 게 핵심이었다. 기술은 의도를 채워 주는 물감 같은 것일 뿐이었다. 하지만 의도한 대로 사진을 찍는 건 차원이 다른 문제였다. 적지 않은 시간 동안 고찰이 필요했고 수많은 실패를 견뎌야 했다. 그런 결핍과 고통마저도 사진을 사랑하는 이유가 됐다. 영화를 보는 동안에도, 횡단보도에 흘러가는 사람을 볼 때도, 심지어 지하철에 몸을 실었을 때조차 어떻게 하면 사진을 잘 찍을 수 있을지 고민했다. 프레임 안에 의도를 담기 위해 끊임없이 노력했다. 집을 오가는 시간이 아까워 스튜디오에서 쪽잠을 자며 연습에 몰두한 날도 허다했다. 어떤 땐 꿈속에서조차 사진을 찍고 있었다. 그때 나는, 사진을 정말 미치도록 사랑하고 있었다.

사진을 떠날 수 없었다. 너무 멀리 와 버리고 말았다. 부모님에게 캐나다엔 가지 않겠다며 그동안의 일을 솔직하게 말씀드렸다. 아버지는 아무 말씀 없이 방으로 들어갔지만 결국 두 분 모두 나의 결정을 존중해 주셨다. 이민을 가지 않아도 되자 고삐 풀린 경주마처럼 앞만 보며 달렸다. 사진만이 인생의 모든 걸 채워 줄 거라 믿었다. 그렇게 몇 년을 보냈다. 막내 어시스턴트로 스튜디오 생활을 시작했던 내가 이제는 후배에게 조언을 해 줄 수 있는 위치에 있었고 자그마한 촬영은 에디터와 단

둘이 나갈 수 있는 포토그래퍼로 성장해 있었다. 스튜디오에서 유일한 비전공자가 찍은 사진이 판매 부수 최고 매거진 편집장에게 선택받는 일이 얼마나 될까? 아무리 비중이 작은 꼭지라도 말이다. 3차까지 이어진 인터뷰 압박을 극복해 내고 스튜디오로 처음 출근했을 때가 떠올랐다. 수많은 밤을 지새우며 오로지 단 한 장의 사진을 위해 모든 걸 끄집어냈던 순간들이 파노라마 필름처럼 눈 앞에 펼쳐졌다. 감동이란 말로는 담을 수 없는 뜨거운 감정이 폐부를 찢고 올라왔다. 그때까지만 해도 계속해서 사진을 찍을 수 있을 줄 알았다. 더 높은 곳으로 올라가 훨씬 멋진 사진을 찍을 기회가 멀지 않은 날에 있을 거라 확신했다. 하지만 꿈만 같던 일상은 얼마 가지 못한 채 산산조각 나 버렸다.

몇 달 후였다. 쉴 틈 없이 달려온 일정을 마치고 스튜디오 식구들이 모두 모여 점심을 먹는 시간이었다. 그 자리에서 두 명의 실장님 중 한 명과 마찰이 생겼다. 특별히 싸우거나 언성을 높인 건 아니었지만 내게는 정말 큰 상처로 남는 일이었다. 자세히 말할 수 없지만 이후에도 비슷한 일로 마찰이 반복됐다. 결국 그토록 사랑하던 스튜디오 생활을 내 손으로 끝내고 말았다. 끊이지 않고 이어지는 고강도 업무, 반복되는 인격적 모독,

손에 잡힐 듯 말 듯한 미래, 점점 난폭해지는 성격까지… 마음이 병든 걸 알면서도 나는 애써 모른 척하고 있었다. 성공하려면 영혼이 짓밟히는 것 따위 무시해야 하는 줄 알았다. 모두 그렇게 살고 있다고 생각했다. 하지만 더는 그럴 열정도 용기도 남아 있지 않았다. 스튜디오 생활은 거기까지였다.

로커에서 카메라와 장비를 들고 나오던 순간이 아직도 생생하다. 등을 토닥여 주던 선배의 눈, 자욱하게 깔린 새벽안개보다 무거웠던 스튜디오의 공기. 집으로 돌아와 엄마 앞에 주저앉아 죄송하다며 펑펑 울었던 것도 잊지 못한다. 며칠 후 집 앞까지 찾아와 다시 스튜디오에 나오라며 설득하던 다른 실장님의 따뜻한 마음도 기억한다.

이후 몇 년 동안 카메라를 들지 못했다. 부모님의 생신에도, 여자친구와의 기념일에도, 친구들과 어울리는 시간에도 사진을 찍지 않았다. 빛과 그림자에 영혼을 녹여냈던 마음은 고통으로 얼룩져 있었다. 시간이 제법 흐른 어느 날이었다. 언제나 속마음을 들어 주던 한강을 거닐 때, 붉게 물들어 가는 강물을 보자 나도 모르게 휴대전화에 손이 갔다. 그걸로 한강을 찍기 시작했다. 다시 카메라를 들자 깊었던 상처가 조금씩 치유되는 걸 느꼈다.

  아픔이 아물게 되면서 진정한 '나'를 찾을 수 있게 됐다. 그때를 기록했던 게 나의 첫 책이자 포토에세이 『**마음이 흐르는 시간, 한강**』이다. 이 책을 지으며 '사진'을 사랑하기까지의 지난 추억들, 커머셜 포토그래퍼로서 꿈을 이루기 위해 쏟았던 노력과 열정, 비록 실패했지만 다시 설 수 있단 용기를 만났다. 그 모든 건 사진을 미치도록 사랑했던 순간과 아픔이 있었기에 마주할 수 있던 거였다. 스튜디오 문을 닫고 나올 때 사진과의 인연은 끝이라고 생각했었다. 하지만 문이 닫히고 나자 오히려 더 넓고 자유로운 세상이 펼쳐졌다. 이제는 고통스러운 시간마저 나의 사랑을 단단하게 만들 수 있었다는 걸 안다. 그 안에서 나는 다시, 마음껏 사진을 사랑하고 즐길 수 있게 됐다.

  '미친 사랑'의 이야기는 사진에서 '나'로 여전히 진행 중이다.

사랑이란 단어 없이 사랑을

사유하

그녀는 짝사랑 전문가였다. 마음의 비어 있음을 견디지 못해 했다. 그래서 그게 사람이든 물건이든 동물이든 꿈이든 상상 속 무엇이든 사랑의 대상을 기어코 만들어 마음을 가득 채워 놓아야만 했다. 그러한 마음의 채워짐을 사랑이라 한다면 그녀는 계속 무언가를 사랑하고 있는 중에 있었다. 아무도 모르게 한 방향으로 흐르기만 하는, 자신도 모르게 표정과 행동에 기어코 드러나는 것으로 들켰을지도 모를, 그렇기에 어쩌면 짝사랑 전문가보다 조금은 절망적인 외사랑 전문가라고 하는 것이 더 정확한 표현일지도 모른다. 하지만 그렇게 표현하자니 그녀의 삶이 참담해진다. 그래서 그녀는 자신을 짝사랑 전문가라 칭하기로 했다.

사춘기 시절부터 시작된 짝사랑은 한번 시작되면 그칠 줄을 몰랐다. 향유할 수 있었던 시간이 길었던 만큼 한 대상에 대하여 7년, 대상을 갈아타서도 5년. 한번 박힌 감정은 여간해서 꿈쩍하질 않는다. 그 덕에 꽤 오랜 시간 자신의 감정에 허덕이느라 정작 자신을 향한 누군가의 감정을 들여다보지 못한다. 서로의 뒷모습만 봐야 하는 상태. 흐르지 못하고 고이기만 하는 마음 에너지는 결국 각자의 마음 골방에 박혀 홀로 외로이 반짝이다 사라진다. 그 시간은, 사랑의 대상이 알아봐 주지 않는 응답 없음에의 외롭고도 무력한 고통의 시간이다. 그럼에도 그 시간을 그녀의 유일한 호화의 순간이자 사치라 말할 수 있은 것은 그 시간 속에서 '혼자서도 외롭지 않는 법'과 흔들리는 상대 앞에서 자신의 마음을 금세 다잡고 '홀로 중심 잡는 법'을 배웠기 때문이다.

고백. 짝사랑 전문가인 그녀에게 누군가의 고백은 언제나 낯설었다. 습관성 짝사랑 증후군을 앓던 그녀는, 자신에게 용기 내어 다가오는 사람에게 늘 의심부터 품었다.
'왜? 왜 하필 나지? 나의 어떤 점 때문에?'
한창 짝사랑으로 마음 끓고 있던 스물다섯. 그 시절, 용기 있는 누군가의 첫 번째 고백이 제대로 그녀의 마음을 훅 파고들었다. 좋아서라기보다는 의심과 의문에 대한 답을 얻고 싶은 마음이었다. 그 단순한 호기심으로 첫 번째 고백자의 마음을 그녀는 선뜻 받아들였다. 하지만 짝사랑으로 혼자 보낸 시간이 익숙한 탓일까, 첫 연애는 어색하고 낯설기만 했다. 자신을 향한 누군가의 두근거림이 그녀에게 불편한 감정과 묘한 죄책감을 불러일으켰다. 오랫동안 빠져 있던 짝사랑의 도파민에 중독된 그녀의 뇌는 용기 있는 첫 번째 고백자보다 여전히 이전 짝사랑 대상에 훨씬 강하게 반응했다. 습관성 두근거림, 두근거리지 않는 도파민 부재는 사랑이 아니었고 사랑이 아닌 감정으로 만남을 지속하는 것은 시간 낭비라 생각되었다. 결국엔 온 마음을 내어 준 진심에 대해 그녀는 그 모든 것들이 마치 아무것도 아닌 듯 행복하지 않노라 사랑도 아니었노라 퍼부어 버렸다. 3개월 만에 끝나 버린 관계. 그 이별은 용기 내어 다가온 어린 청년의 마음을 갈기갈기 찢기에 충분했다. 첫 번째 고백자는 그 어떤 미련도 없이 떠났다. 어떤 일에서건 늘 최선을 다한 사람은 미련이 없는 법이다. 그리고 그녀는 복수를 당했다. 길지 않은 시간이었어도 3개월이란 시간은 길들여지기에 충분한 시간이었다는 걸 간과한 잘못이다. 그의 빈자리. 내친 것은 분명 그녀였는데 첫 번째 고백자가 그리웠다. 인과응보다.

뒤늦은 깨달음으로 첫 번째 고백자가 그녀의 짝사랑 대상이 되었다. 그리고 그녀에게 모든 사람의 뒷모습은 그의 뒷모습이 되어 버렸다. 매번 쿵 하고 내려앉는 마음. 3개월이란 짧은 시간 속에서도 함께했던 시간은 추억이 되어 그녀가 다니는 곳곳에 심어져 있다. 그녀는 사회 부적응자라는 타이틀을 얻었을 때 알았어야 했다. 사랑받는다는 것에도 낯섦이 심한 사람이었고 연애라는 특화 프로그램에선 더욱 많은 적응 시간이 필요한 사람이었단 것을. 이미 늦어 버렸고 떠나 버린 사랑의 기억은 습관성 두근거림으로 남았다. 그리고 그 두근거림은 사라지지 못한 채 옮겨 갈 뿐이었다. 대상은 사진이기도 했고, 음악이기도 했고, 때론 절대 마음을 줄 것 같지 않은 사람들에게도 그러했다. 그렇게라도 마음을 채워 놓지 않으면 사는 게 버거웠는지도 모른다. 받는 것보다 주는 것에 익숙한 사람. 그녀에게 사랑이란 몰래 해야 하고, 설사 마음이 들켰다 하더라도 이루어져서는 안 되는 것이었다. 누군가는 사랑을 이루기 위해 애쓰지만, 그녀는 이루기를 바라지 않았다. 일방적으로 흐르는 그 감정에 스스로 빠져들어 홀로 절망하다가도 짝사랑하는 대상의 주변에 맴돌 수 있는 것만으로도 충족되곤 했다. 사랑의 대상은 있으면서도 없고, 없으면서도 있는 부재의 존재였다. 그 부재감은 실연처럼 스스로에게 상처를 내고 기묘한 행복감에 젖게 했으며, 결국 정신 분열적 자아와 마주하게 했다. 그것은 그녀가 도파민에 중독되어 있었다는 증거였다. 즉 대상을 사랑하는 것이 아닌 대상을 사랑하는 자신의 감정을 사랑하고 있었던 것이었고, 그녀는 그 누구보다 그러한 자신의 감정을 병적으로 가장 사랑했다.

그렇게 살던 어느 날, 두 번째 고백자가 나타났다. 사진 촬영지에서 만난 그는 그녀에게 사진을 찍어 달라 부탁했고, 명함을 건네며 사진을 보내 달라고 했다. 흔히들 말하는 작업이었지만, 짝사랑에 둔감해진 그녀는 전혀 눈치채지 못했고 일의 한 부분으로 여기며 순수하게 사진만을 전달했다. 며칠 후 '사진 잘 받았습니다. 저녁 한 끼 사고 싶어요.'라는 메일이 도착했다. 첫 연애의 미숙함과 그로 인한 죄책감은 이번만큼은 서툴지 않으리라는 다짐으로 그녀를 이끌었다. 여전히 두근거림은 없었지만 진심으로 누군가에게 닿고자 했고 그의 성의 있는 마음은 그녀에게 당시의 답답한 일상에서 도피처가 되어 주었다. 하지만 절실한 기독교 집안의 그녀와 절실한 불교 집안의 두 번째 고백자의 만남은 쉽지 않았다. 함께한 1년 반의 시간을 없음으로 되돌리는 일. 그는 눈물로 이별을 고했다. 서로 원치 않던 이별이었기에 더했을지도 모를 세상의 무너짐을 처음 경험했던 시간. 그녀는 평생 울 눈물을 그때 다 흘려 버린다.

세 번째 고백자는 당돌했다. 그는 이전의 고백자들보다 나이가 많았지만, 가난했으며 때론 철없는 소년 같았다. 마치 그녀가 없으면 안 되는 사람처럼 굴었다. 결혼을 전제로 두 번째 고백자가 다시 돌아왔을 때 그녀는 세 번째 고백자를 선택하는 것에 대해 망설이지 않았다. 이미 끝나 버린 사랑에 대한 애도 탓도 있었지만 두 번째 고백자는 그녀가 없어도 잘 살아 낼 것 같았다. 아마도 세 번째 고백자는 그녀 없이는 잘 살아 내기 힘들 것 같은 마음, 모성애가 자극된 상태였을 테다. 세 번째 고백자는 술자리가 잦았다. 그리고 술만 마시면 그렇게 누군가와 쌈박질을 해 댔다. 결국 그의 불안하고도 위태위태한 모습들에 이별을 고한 날, 세 번째 고백자는 호기롭고도 당돌히 그녀가 누구를 만나든 다시 빼앗아 올 거라 호언장담했다. 하지만 그날 이후 그녀는 그를 한 번도 마주치지 않았다. 이 모든 경험들로 그녀는 알게 되었다. 말을 믿지 말 것. 행동을 믿을 것.

네 번째 고백자와의 첫 만남에 그녀는 남친이 있다는 고백을 했었다. 네 번째 고백자는 그녀와의 만남 이후 친누나에게 고민 상담을 했었고 친누나는 "골키퍼 있다고 골이 안 들어가니?"라는 말로 그의 마음을 응원했다고 했다. 그 응원에 힘입어서였을까. 그는 그녀의 사진 스튜디오로 매일같이 찾아왔다. 스튜디오 인테리어를 핑계로. 간판 리뉴얼을 핑계로.

그녀는 네 번째 고백자와 어느덧 18년째 살고 있다. 둘이서 시작한 식구란 이름의 가족은 어느덧 다섯이 되어 있다. 그녀의 무엇이 좋았기에 거의 일 년여의 시간을 친구들 사이에서 잠적하다시피 했을까에 대해선 결혼하고 나서도 한참 후에 알게 되었다. '정의할 수 없는 묘한 느낌, 목소리도 좋았지만 말을 할 때 쓰는 언어들' 전체적인 느낌이 상당한 매력이었다고 한다. 하늘의 저주일지도 모를 콩깍지가 눈에 씐 탓이 클 테지만 네 번째 고백자는 만나는 동안 그녀를 강아지 보듯, 고양이 보듯 봐 주었다. 첫 만남 이후 매일같이 찾아와 머리를 쓰담 쓰담 해 주었다. 그녀 대하듯 그녀의 가족을 대했고, 불안증이 올라온 그녀에겐 늘 괜찮다고 말해 주었다. 그녀에겐 사랑한다는 말보다 괜찮다는 말이 더 큰 고백처럼 느껴지곤 했다. 괜찮다는 말과 안도감을 주는 그는 커다란 키와 널따란 품으로 한 번에 그녀를 쏙 안는다.

"자기야, 내가 생각해 봤는데"로 시작하는 그녀의 이야기는 때론 현실과 동떨어진 듯한 종교적인 것, 철학적인 것, 읽었던 책에 대한 것이곤 했다. 그리고 이야기의 끝엔 항상 질문이 던

져진다. 그는 경청하고 진중하게 대답한다. 물론 그 모든 대답들이 그녀의 마음에 흡족한 것은 아니지만 경청해 준다는 사실만으로도 충분히 존중받는 느낌을 그녀에게 주었다. 저 세상을 사는 듯한 그녀와 현생을 사는 듯한 네 번째 고백자. 그들은 좋아하는 것도 다르고 성향도 지나치게 다르다. 심지어 공유된 취미, 함께하는 시간도 많지 않다. 그럼에도 이어지는 결혼생활은 사랑보단 믿음에서 오는 안정감 때문이지 않을까.

"자기야, 진짜 사랑은 두근거림이 끝난 이후래. 도파민이나 호르몬 작용이 끝난 이후 이성을 바탕으로 한 노력이 사랑이 되는 거지. 그러니 사랑은 연기야."

그녀는 책을 읽으며 생각한 사랑의 대한 정의를 막 퇴근하고 온 남편에게 떠들었다.

"그럼, 자기는 나 보고 이제 더 이상 두근거리지 않아?"

심각하듯 진중하게 되묻는 남편에게 그녀는 당연하다는 듯 고개를 격하게 끄덕였다.

"그럼 난 아직 두근거리는데 정상이 아닌 거야?"

그녀는 믿을 수 없다는 듯 동그래진 눈으로 당연하다고 답했다.

그는 불만스럽다는 듯 뾰로통한 표정으로 다시 되묻는다.

"왜 자긴 모든 것에 비정상이면서 나에겐 정상인 거야?"

최근 그녀는 자신의 예민함에 취해 불면의 밤을 보내고 있다. 반면 그는 머리만 닿으면 잠들어 버린다. 그럼에도 그는 그녀의 혼자 중얼거림 혹은 듣든 말든 해 대는 말들에 자면서도 꼬박꼬박 대답을 한다. 단 한 번도 귀찮다는 반응이 없다. "나라면 나 같은 사람과 못 살 것 같아"라는 그녀의 혼잣말에 네 번째 고백자의 비몽사몽 대답.

"하루에 열 번까지는 사실 아니고 다섯 번은 그래."

수수께끼 같은 그의 말에 그녀는 무슨 의미냐고 되물었다.

"일 가서도 보고 싶다고." 그러면서 그는 씩 웃는다.

그리고는 "열 번 중 여섯 번이라고 해 줄까?" 능청스럽게 군다. 천장을 향해 똑바로 침대에 누워 있었던 그녀의 표정은 분명 며칠 밤 제대로 못 잔 탓에 피곤함으로 잔뜩 굳어 있었다. 그런 그녀의 입꼬리가 자신도 모르게 한껏 올라간다. 깜깜한 밤 표정이 들킬 일이 없음에도 괜스레 네 번째 남자를 등진 채 침대 끝 쪽으로 돌아눕는다. 그러면 그런 그녀를 네 번째 남자는 뒤에서 꼭 안는다.

"사랑합니다."

힘들게 일하는 중에도 그녀에게 걸려 온 전화는 지금도 한결같이 같은 말로 받는 그다.
한 번도 외부의 힘듦을 가정으로 가져온 적 없는 그는 그녀의 절대 무너지지 않을 것 같은 든든한 성벽이다. 사랑에 있어서 더 사랑하는 자가 패자고 덜 사랑하는 자가 승자라면 늘 승자가 된 듯한 기분을 주는 네 번째 고백자. 그의 출근 인사는 최근 '잘 살아'로 바뀌었다. 그렇게 그녀의 이마와 입술에 뽀뽀를 하고선 집을 나선다. 늘 마지막이듯 그녀를 대하는 그의 진심은 평생 어둡고 차가웠을지도 모를 그녀의 인생에 빛이다. 그러니 그녀는 자신의 모든 죄책감과 어두움을 내려놓고 밝음으로 답을 하는 것이 맞다. 네 번째 고백자이자 마지막 고백자인 그의 늘 진행 중인 고백에 대해.

여전히 사랑이란 단어를 꺼내길 힘들어하는 그녀일지라도 사랑이란 단어 없이 사랑을 답한다.

나의 모든 시작 위에 흐르는 멜로디

열정소나타

28년 전 어느 날 사랑의 씨앗이 살며시 찾아왔다. 그 씨앗은 내 인생 최고의 축복이었고 기쁨이었다. 그 씨앗의 탄생으로 인해 흐린 회색빛이었던 나의 세계는 맑은 하늘에 피어오른 일곱 빛깔의 무지개가 수놓아졌고 그동안 당연하게 여겼던 엄마의 사랑이 얼마나 위대한 사랑이었는지도 깨닫게 되었다.

성숙한 어른이라면 결혼을 하지 않아도 아이를 낳지 않아도 가족을 사랑할 줄 알고 사회에 책임을 다하며 삶이라는 무대 위에서 서로 사랑하고 사랑받으며 더불어 살아간다. 하지만 나는 그 축복이 태어나기 전까지 개인주의와 예민한 성향에 오롯이 내 중심으로 세상을 바라봤던 것 같다.

나는 어릴 적 참 이기적인 아이였다. 무엇이든 내 방식으로 하고 싶었고 모든 이야기의 중심에 나를 놓으려 했다. 가족이라는 울타리 안에서도 마찬가지였다. 엄마가 얼마나 많은 것들을 포기하고 나를 키웠는지 그 헌신을 미처 알지 못한 채 나는 나만의 세계를 지키기에 바빴다. 엄마가 챙겨 주는 밥은 언제나 당연했고 불평과 짜증 섞인 내 말투를 조용히 경청해 주는 온전한 내 편이 엄마라는 것도 인지하지 못하고 살았었다. 엄마는 언제나 늘 내 편이었으니까!

그러던 내가 어느 날 갑자기 엄마가 되었다. 작은 아이가 내 품에 안긴 순간 내 안의 무언가 조용히 무너져 내렸다. 그 깨진 조각들은 이전의 이기적인 나였고 내가 제일 소중하다고 믿었던 나! 그리고 그 무너짐에 '사랑'이라는 것이 조용히 자리를 잡기 시작했다.

아이의 울음소리는 내 심장을 흔들었고 무슨 말인지 알아듣지도 못하는 옹알이조차도 내 귀에는 선명한 언어처럼 들렸다. 밤새 열이 나 우는 아이를 업고 거실을 서성이는 순간들, 약 기운에 겨우 잠든 아이의 상기된 볼과 새근새근거리는 숨소리를 통해 나는 사랑이란 무엇인지 배워 갔다.

처음엔 두려웠다. 항상 엄마가 다 해 주는 어른 아기였던 내 앞에 갑자기 나타난 조그만 아이가 나만 바라보며 웃을 때, 작고 여린 손으로 나를 꼭 붙잡을 때 '아, 내가 이제 이 아기의 엄마이지!' 나는 깨달았다. 나에게 온전히 의지하고 있는 이 아이를 지켜 주는 것이 사랑이라는 것을.

엄마도 이런 마음이었을까? 내가 아플 때, 내가 외로울 때, 내가 세상에서 상처받아 울고 있을 때 엄마도 분명 마음 졸이며 나를 바라봤겠구나. 그리고 아무 말 없이 내 곁을 지키셨겠구나. 나는 그 사랑을 너무도 늦게 이해하게 되었다.

아이가 커 나가며 아이와 함께 보내는 하루하루는 나를 바꾸었다. 나는 더 이상 나만을 위한 사람이 아니었다. 아니, 나만을 위해 살면 안 되었다. 아이 삶 속에 나란 존재가 얼마나 절대적인지 느낄수록, 나의 말과 행동, 심지어 생각마저도 달라져야만 했다. 아이를 통해 세상을 다르게 보기 시작했고, 내 아이의 눈으로 나의 엄마를 다시 바라보게 되었다.

아이와 함께 성장하는 시간은 마치 한 편의 드라마와 같았다. 같이 울고 웃고, 넘어지고 다시 일어서며 매 순간 순간이 나를 단단하게 만들었다. 아이가 걸음마를 하기 시작했을 때, 유치원에서 발표회를 했을 때, 초등학교에 처음 입학했을 때, 대학에 합격했을 때, 취업에 성공했을 때 그 모든 순간 속에서 사랑을 배웠다. 사랑은 결과가 아니라 과정이라는 것을, 사랑은 누군가를 위해 기꺼이 자신의 것을 기쁘게 내어 주며 함께 기뻐할 수 있다는 것을.

철없던 학창 시절 가부장적인 아빠의 반대에도 불구하고 헌신적인 우리 엄마는 내가 피아노를 계속할 수 있도록 아빠 몰래 피아노 학원을 보내 주셨고 그 당시 선생님 월급으로 네 자녀를 가르치시느라 빠듯한 생활 안에서도 매달 부은 곗돈으로 그 시절 부잣집이나 갖고 있을 법한 그랜드 피아노를 사 주셨었다.

조용한 엄마는 내 이름을 크게 불러 보신 적도 없다. 결혼 전 소개팅 나간다고 옷장의 옷들을 다 꺼내 입어 보며 나만 예쁘게 치장하고 나갔다 오면 내 방은 항상 깨끗하게 치워져 있었다. 나는 그런 사랑을 너무나 오랫동안 당연하게 여겼다. 하지만 지금은 안다. 그것이 얼마나 위대한 사랑이었는지! 얼마나 큰 용기와 인내가 필요했는지를.

대학 졸업하자마자 바로 결혼한다는 딸의 결혼을 진심으로 축하해 주셨고 결혼 후 산후 몸조리는 물론 일하는 딸을 위해 외손주들까지 돌봐 주셨다. 돌아가시기 전 암투병으로 힘드셨을 텐데 바쁜 자식들 행여 힘들까 혼자 조용히 병원 다니시고 소박하게 사시다 어느 따뜻한 봄날 조용히 하늘나라로 가셨다. 심지어 나는 엄마 임종도 지키지 못했다. 엄마가 삶의 마지막 힘겨운 투쟁을 하고 계실 때조차 나는 캐나다에서 학교 다니는 딸 고등학교 졸업식에 참석하느라 캐나다에 있었다. 나는 엄마 장례식 끝자락에 잠시 들러 편안하게 눈 감고 계신 엄마를 보내 드렸다.

이 세상에는 나라를 구한 위인도 성공한 기업가도 천재적인 예술가도 세계적인 운동선수도 많다. 그들의 업적은 칭송받아 마땅하다. 하지만 그들 뒤에는 분명 그들을 위대한 사랑으로 키워 주신 그들의 훌륭한 어머니가 계셨을 것이다. 우리 엄마가 나에게 보여 준 사랑이 바로 그 위대한 사랑인 것이다. 이기적이었던 내가 내 아이에게 이만큼이라도 사랑을 흘려 보낼 수 있었던 것은 모두 엄마에게 받은 위대한 사랑 덕분이다.

이제는 내 아이도 점점 자라고 있다. 감사하게도 엄마보다는 훨씬 나은 어른으로 성장하는 중이다. 얼마 전 딸아이의 강권으로 우리 가족은 프랑스 여행을 다녀왔다. 이미 나보다 모든 것에서 앞서 나가는 딸 덕분에 우리는 가장 편안하고 행복한 시간을 보냈다. 어느새 이리 다 컸을까? 분명 내 품에 쏙 들어왔었던 꼬마였는데 지금은 엄마가 너를 따라다니고 있다니, 꼭 꿈을 꾼 것 같다. 내가 프랑스에 딸과 함께 다녀온 것이, 이보다 더 좋을 순 없었다. 이보다 더 다정할 순 없었다. "딸, 엄마는 너와 다녀온 프랑스 여행 정말 행복했어. 평생 잊지 못할 거야. 정말 고마워, 그리고 사랑해."

지금은 독립해 혼자 살고 있는 딸을 만나러 가끔 서울에 간다. 서울에 가면 딸처럼 열심히 살아가는 청년들이 얼마나 많은지 모른다. 급변하는 세상에서 치열하게 살아가는 이 땅의 청년들이 꿈과 희망을 잃지 않기를, 오늘보다 내일이 더 나은 삶을 살아가기를 부모 된 마음으로 간절히 기도한다.

내가 엄마에게 배운 사랑은 이제 내 아이를 통해 또 다시 활짝 피어날 것이다. 이 사랑은 세대를 건너 전해질 것이다. 그리고 나는, 그 위대한 사랑 안에서 비로소 진짜 '나'로 살아가는 법을 배워 나간다.

사랑 없인 아무것도 아니요

파잠아재

사람이 많지 않던 선술집. 한 여자가 울고 있다. 그녀는 왜 울고 있던 걸까? 그 여자 앞엔 한 남자가 앉아 있다. 그도 울고 있다. 이들은 왜 울고 있는 걸까? 5분 전, 남자는 그녀에게 모든 걸 털어놓았다. 청혼과 상견례까지 마치고도 결혼을 미뤄 왔던 까닭을 말이다. 한참을 울고 난 뒤 여자는 도리어 괴로워하고 있는 남자를 안아 준다. 그리고 그해 겨울 둘은 결혼식을 올렸다. 이 결과물은 남자를 향한 여자의 믿음이었다.

월세 투룸, 변변치 않은 시작이었지만 두 남녀는 함께할 수 있음에 그저 행복했다. 지금도 그 동네에 갈 일이 있으면 일부러라도 우리의 신혼집이었던 그곳을 경유하곤 한다. 누구보다 열심이었던 두 남녀는 결혼 2년 만에 내 집 장만에 성공하였고, 새로운 보금자리에서 새해를 맞을 준비에 한창이었다.

새해를 밝히는 종이 울리고, 모두가 해피뉴이어를 외친다. 두 남녀 역시 새로운 희망을 기약하며 잠에 들었다. 잠에 든 지 불과 몇 시간 지났을까? 그녀의 몸에 이상 신호가 왔고 이를 알아챈 남자는 그녀를 데리고 응급실로 향했다. 당직 중인 의사는 아픈 그녀의 몸을 진정시켜 줄 의약품들을 챙겨왔고, 그녀의 팔에 링거 바늘을 꽂으려 한다. 순간, 이 광경을 지켜보고 있던 남자는 짧고도 굵게 소리친다. "잠깐만요!" 다행히 바늘은 그녀의 팔을 뚫지 못했고, 그렇게 두 남녀는 아기천사의 등장 소식을 알게 되었다. 응급실에서 말이다. 정말이지 아픔과 기쁨이 공존하는 색다른 경험이었다.

그해가 가기 전 두 남녀를 적당히 빼다 박은 듯한 딸아이가 태어났다. 하루아침에 부모가 된 두 남녀는 모든 게 낯설고 어수룩했지만, 딸과 함께한 모든 순간들이 행복이었다. 그리고 여태껏 모르고 지냈던, 그들이 살아가는 이유에 대한 명확한 해답을 얻게 된 계기이기도 하고 말이다.

제대로 기지도 못하는 갓난이가 방긋 웃기라도 할 때면 그게 그렇게 기쁠 수가 없었다. 어느덧 힘이 생겨 뒤집기를 할 때 즈음 쓸데없는 걱정에 잠 못 이룰 때도 종종 있었지만, 예쁘게 커

가는 아이를 바라볼 때마다 피어오르는 감사한 마음으로 잘 이겨 내곤 하였다. 아이의 입에서 아빠라는 말이 흘러나오던 날. 내 기억이 맞다면 그날의 웃음만큼 행복했던 웃음은 아직까지 없었던 것 같다.

짠 내 가득했던 속초에서의 추억. 아이가 다리에 힘이 생겼는지 갑자기 몇 발자국을 걷더니 다시 휘청휘청 그러고는 쿵 하고 넘어진다. 마치 대단한 업적을 달성한 것마냥 나 좀 보라는 듯한 표정으로 자신만만하게 우리를 쳐다보던 아이. 두 남녀에게 그 순간은 희망이었다.

하지만 잊을 만하면 찾아오는 한심스러운 생각들. 숟가락 하나 더 얹었을 뿐인데, 왜 우리의 고민은 점점 커져만 가는 것일까? 그러나 커져 가는 고민만큼 우리의 웃음소리도 덩달아 커졌기에 문제 될 건 없었다. 돌이켜보면 두 남녀의 뜨거웠던 사랑은 적당히 식어 뜨겁지 않은 따뜻한 온기가 되었고, 그 안에서 또 다른 사랑이 피어올라 한 가정이 전진해 나갈 수 있는 연료가 되어 주었다.

살아오는 동안 참 많이 울기도, 웃기도 했다. 앞으로 살아가는 동안에도 그러하겠지. 우리의 앞날에 기쁨만이 넘쳐난다면 더할 나위 없이 좋겠지만, 그 여정 속에는 고난과 역경도 늘 함께할 것이다. 하지만 분명한 건 그 순간에도 우리는 웃음을 잃지 않을 거라는 사실이다. 울음 뒤에도 결국 다시 웃을 수 있음은 아마도 우리가 사랑으로 하나 되었기에 가능하지 않을까 싶기도 하다.

내가 생각하는 사랑의 의미는 그리 거창하지 않다. 그저 함께할 수 있음이야말로 진정한 사랑이 아닐까? 사람은 누구나 부족함 투성이였지만 그 모습마저 인정해 주고 믿어 주는 누군가가 있을 때 그 부족함은 서서히 채움으로 메꿔질 것이다. 혼자였다면 이 부족함은 족쇄가 되어 숨 막히게 몸과 마음을 옥죄며 괴로움으로 나를 지배했을지도 모르겠다. 그녀가 나를 믿어 주는 순간 나의 부족함은 더 이상 미안함과 창피함이 아니었다. 그녀가 나를 믿어 주는 마음은 나에게 사랑이었고, 그 사랑은 마법의 연료가 되어 내가 더 힘차게 달릴 수 있도록 해 주었다. 심지어 별도의 충전을 하지 않아도 연료통을 가득 메우는 천연 에너지이기도 하고 말이다. 꺼져 가는 마음에 사랑이 더해지니, 힘들고 척박했던 마음에 단비를 내리게 해 주었고, 말라 가던 가지에는 새순이 돋고 곧 열매가 달리기 시작했다.

함께 울어 주고 아픔을 나눌 수 있는, 함께 기뻐하고 웃음 지을 수 있는, 서로를 믿어 주고 힘이 되어 주는, 이 모든 것이 바로 사랑이다. 사랑으로 아픔을 덜어내고, 사랑으로 기쁨은 배가되며, 사랑으로 믿음의 크기는 점점 커져서 반복되는 슬픔과 기쁨을 적절히 맞이할 수 있는 힘을 차곡차곡 쌓아 갈 것이다.

'모든 것을 참으며 모든 것을 믿으며 모든 것을 견디느니라' 힘들 때마다 떠올리는 '사랑'이라는 찬양곡의 이 가사처럼 사랑은 우리 삶의 방패요, 때론 창이 되어 주는 것일지도 모르겠다.
절대로 내가 불행하다고 생각하지 말자. 당장 눈앞에 펼쳐진 고난은 결코 불행이 될 수 없다. 진짜 불행은 그 고난을 함께할 사람을 찾지 못할 때 나타나는 게 아닐까?

우리 모두가 잊고 있는 한 가지 사실!

사랑은 어떠한 형태로든 우리 곁에 늘 잠재하고 있었다는 것이다. 안타깝게도 그 사랑을 미처 발견하지 못했던 것일 뿐. 아직도 사랑을 찾지 못했다면 하루빨리 사랑의 돋보기를 들고 주변을 탐색해 보길 바란다. 그 사랑을 발견하는 순간 우리의 삶에 놀라운 변화가 일어날 것이기 때문이다.

울고 있던 여자의 믿음은 사랑의 씨앗이 되어 축복의 열매를 맺어 주었고, 결국 이 모든 것을 가능하게 해 주었다. 오늘도 남자는 본인이 행운아임을 인정하며 살포시 미소를 띠어 본다.

'사랑 없인 아무것도 아니요'

사랑을 다시 배우는 중입니다

윤슬인

　사랑이 언제나 다정한 모습으로만 다가오는 것은 아닙니다. 때로 사랑은 서툴고 조급하며, 상처를 남기기도 합니다. 그런 사랑조차 전부였던 우리는, 그 모습이 곧 사랑이라 믿으며 자라납니다. 그렇게 몸에 새겨진 기억은 시간이 지나도 지워지지 않습니다. 몸으로 기억한 사랑은, 때로 말보다 강력하게 나를 지배하곤 했습니다.

　우리는 누구에게서 사랑을 배울까요. 대부분은 부모에게서 처음으로 사랑을 경험합니다. 말보다 먼저 다가온 따뜻한 손길, 배고픔을 달래 주던 엄마의 모유, 울음을 그치게 하던 포근한 품과 토닥임. 그것이 사랑이라는 걸 알기도 전에, 우리는 이미 사랑을 받으며 자랍니다.

　57년생 시골 소녀였던 엄마는 스무 살을 갓 넘긴 여인이 되어

53년생 군대를 갓 제대한 까까머리 남자를 만나 1978년 2월에 나를 낳았습니다. 고등학교를 졸업하자마자 시골 은행에 취직했고, 같은 직장 동료인 아빠와 이내 결혼했다고 했습니다. 이십 대 초반, 세상을 제대로 경험하기도 전에 아이를 안은 엄마에게, 주변 어른들은 "애가 애를 낳았네"라며 안타까운 시선을 보냈다지요.

친구들과 수다 떨고, 예쁜 화장품 하나에도 설레야 할 나이. 읍내 떡볶이집에서 친구들과 웃고 떠들며 보냈어야 할 그 시절, 엄마는 모유를 먹이고 기저귀를 갈며, 이유도 모른 채 우는 저를 안고 밤을 지새웠습니다.

아빠 역시 시시한 농담을 주고받고, 친구들과 어울려 돌아다닐 나이에 가장이 되었습니다. 젊은 가장의 어깨에는, 아내와 딸을 풍족하게 해 줘야 한다는 무거운 짐이 얹혀 있었지요. 야근과 회식, 늦은 귀가가 일상이 되었고, 사랑하는 가족을 눈에 담을 시간조차 부족한 채 매일 출근길에 나서야 했습니다.

그 시절, 집에 홀로 남은 엄마의 마음속 일기장엔 '외롭다'는 문장과 '참는다'는 말이 자주 적혀 있었을지도 모르겠습니다.

아빠는 아버지를 일찍 여의고, 홀어머니 밑에서 자랐습니다. 누군가에게 따뜻한 말을 건네거나, 다정한 손길로 감싸는 방법을 배워 본 적 없는 사람이었지요. 그렇기에 딸에게 어떤 말을 해야 할지, 어떻게 마음을 표현해야 할지 몰랐을지도 모릅니다. 하지만 단 하나, 가난만큼은 물려주지 않겠다는 굳은 다짐만은 아빠의 마음 깊은 곳에 자리 잡고 있었습니다. 말로 하는 사랑보다, 묵묵히 책임지는 것이 아빠가 알고 있는 유일한 사랑의 방식이었습니다. 그래서 당신의 사랑은 늘 조용했고, 무거웠습니다.

태어난 지 백일쯤, 엄마가 아기를 안고 찍은 한 장의 사진을 보며 비로소 알게 되었습니다. 육아가 절대 녹록지 않았다는 것을요. 피로와 지침이 가득한 얼굴, 출산 전 23인치였던 날씬한 허리는 고무줄 치마만 겨우 걸칠 수 있을 만큼 통통 부어 있었고, 몸도 마음도 깊이 지쳐 있었습니다. 그 모든 고단함이 사진 한 장에 고스란히 담겨 있었습니다. 그리고 나의 어린 시절 사진 속에서는 젊은 시절 아빠의 얼굴을 좀처럼 찾기 어려웠습니다. 간혹 남은 몇 장의 사진 속 아빠는 항상 일에 지친 표정이었고, 사진을 찍는 순간에도 내가 다칠까 봐 시선은 늘 나를 향해 있었습니다. 내 어린 시절 사진 속에서 아빠가 웃고 있는 모습을 본 기억은 단 한 번도 없었습니다.

처음 엄마가 된 당신은 아기를 어떻게 키워야 할지, 사랑을 어떻게 표현해야 할지도 잘 몰랐을 겁니다.

누구에게도 배운 적 없이 혼자서 '엄마'라는 이름을 감당해야 했던 시간 속에서 당신은 늘 서툴고, 조급했을 거예요. 아빠도 다르지 않았을 겁니다. 홀어머니의 그늘 아래서 자란 당신은 '아버지의 사랑'이 어떤 것인지 몸으로 배울 기회가 없었으니까요. 그래서 손에 잡히는 책들 속에서 사랑을 배워야 했겠지요.

그래서였을까요? 나의 작은 실수, 예쁘지 않았던 말투나 행동 하나, 기대에 미치지 못한 모습들이 쉽게 용납되지 않았습니다. 세상의 진리를 담은 책에서 배운 가치와는 다른 모습으로 자란 내가, 당신들의 눈에는 낯설고, 어쩌면 조금 버겁게 느껴졌을지도 모르겠습니다. 그래서 따뜻한 말 한마디를 건네는 일조차 당신에겐 어려웠나 봅니다.

사랑받고 싶어 먼저 손을 내밀고 웃어 보였지만, 엄마의 표정은 굳어 있었고, 그런 표정으로 내뱉은 짧고 날 선 말들은 내 안에 '나는 사랑받지 못하는 아이'라는 믿음을 심었습니다. "내가 그 나이 땐 허리가 23이었어. 너는 그게 뭐니? 살만 뒤룩뒤룩 쪄서. 게을러 보이게 말이야." 중학교에서 고등학교로 넘어가던 겨울, 내 몸은 갑작스럽게 불어났고, 종아리와 허벅지의 살은 붉게 튼 자국을 남겼습니다. 그때부터 엄마의 시선은 점점 날카로워졌습니다.

"그 다리로 치마는 입겠니? 그리고 살이 왜 이리 찐 거야. 다른 애들은 관리도 잘하던데 너는 왜 이 모양이야."

살을 빼야 한다며 그 당시 고가의 효소 다이어트, 한약 다이어트, 원푸드 식단까지. 엄마는 정말 많은 노력을 했습니다. 적어도 허리가 25인치는 돼야 한다며 다그치기까지 했죠. 지금 생각하면 하나뿐인 딸의 건강을 걱정했던 것이겠지만, 어렸을 때의 나는 '보기 싫은 외모'를 정돈해야 하는, 엄마의 자존심을 위한 인형 같은 존재라고 느꼈습니다. 엄마의 사랑을 얻기 위해선, 엄마가 세워 놓은 기준에 완벽하게 맞춰야 한다는 생각이 머릿속에 자리 잡았습니다. 하지만 그 기준을 따르는 건 너무나도 어려운 일이라 생각했기에, 결국 이 집안에서 사랑받을 자격이 없다고 스스로 단정 지어 버렸습니다.

여느 다른 집 딸들처럼 부모님과 팔짱을 끼고 길을 걷고 싶었습니다. 손을 잡고 마트에 가서 장을 보고, 영화관에서 팝콘을 나눠 먹으며 남자 주인공이 너무 잘생기지 않았냐는 시답지 않은 농담도 스스럼없이 하는 사이가 되고 싶었습니다. 하지만 손을 잡는 건커녕 엄마는 팔짱조차 허락하지 않았습니다. 바쁜 아빠는 얼굴 보기가 힘이 들었습니다. 내가 용기 내어 다가설 때마다 "공부도 못하는 주제에 무슨… 학원 숙제는 다 하고 지금 이러는 거야?", "너만큼만 자랐으면 나는 공부를 더 잘했을 거야. 이렇게 해 줬는데도 못하는 이유가 뭔데?"라는 말을 들어야만 했습니다. 그런 사소한 모습 하나하나가 사춘기 시절 마음을 조금씩 삐뚤어지게 했습니다.

'예뻐야만 사랑받는다. 공부를 잘해야만 사랑받는다. 무언가를 뛰어나게 잘해야만 사랑을 받을 수 있다.' 그렇게 만들어져 버린 나만의 신념은 어른이 된 지금도 쉽사리 지워지지도 바뀌지도 않았습니다. 누군가 칭찬할 때조차, "그래도 완벽하진 않잖아"라고 말하는 또 다른 내면의 목소리가 내 자신을 괴롭혔습니다. 무조건적인 사랑은 없다고, 누군가의 호의는 대가를 바라는 것이라고 생각하곤 했지요.

하지만 이제는 조금씩 생각이 바뀌고 있습니다. 엄마는 나를 사랑하지 않았던 걸까요? 아빠는 나를 정말 아끼는 마음이 없었을까요? 아니요. 부모님은 그저 사랑하는 법을, 그리고 사랑을 표현하는 법을 몰랐던 것뿐입니다. 어린 나이에 세상의 무게를 짊어졌고, 자신조차 돌볼 여유가 없었던 엄마는 마음의 빈틈을 메우는 방법도 알지 못했습니다. 따스한 사랑을 받으며 자라지 못한 아빠는, 그 사랑을 어떻게 주어야 하는지도 몰랐던 것이겠지요. 그래서 사랑은, 우리에게 물려지기도 하지만 결국 다시 배워야 하는 것임을 알게 되었습니다. 엄마와 아빠와의 사이에서 말이에요.

어릴 적 나를 향한 엄마의 모습은 마치 살얼음처럼 차가웠고, 때로는 마음을 짓누를 정도로 무거웠으며 시리다 못해 아플 정도의 차가운 날을 세웠습니다. 가까이 다가가기가 무서울 정도로. 하지만 시간이 흘러 나 자신이 엄마가 되어 보니, 그 모든 말들과 눈빛조차 결국 사랑이었습니다. 그걸 이해하기까지 30년이라는 시간이 걸렸습니다. 그 긴 시간 동안, 나 역시 세상의 무게를 견디며 살았습니다. 억척스러울 만큼 처절하게 버텼기에, 이제는 같은 여자로서 엄마의 마음을 조금은 알 것 같습니다. 완벽하지 않기에 더 인간적인, 서툴고도 진실했던 사랑. 그 사랑이 이제, 나를 거쳐 우리 아이들에게 이어지고 있습니다.

부모님과는 다른 방식으로 사랑을 전하려 노력합니다. 감정의 날이 서서 이성보다는 감정이 앞서 야단을 치려 할 때면, 문득 그때를 떠올립니다. 엄마의 말투 하나에 움츠러들고, 아빠의 눈빛 하나에 마음이 얼었던 그 시절을 기억합니다. 감정적으로 다그치고 궁지로 몰아넣어 마음을 할퀴는 말은, 사랑보다는 오히려 상처를 남길 것이라는 생각에 잠시 숨을 고릅니다. 그리고 다시 한번 아이들을 바라봅니다. 무섭고 엄격했던 부모님의 모습을 닮지 않으려 애씁니다. 하지만 한 여자와 한 남자가 만나 연애를 하면서 서로 보듬는다는 게 수월하지 않잖아요. 엄마에게 있어서 사춘기 아들들을 육아한다는 게 녹록지 않습니다.

고1, 중1 그리고 미운 일곱 살인 세 아들 녀석의 양육 앞에서는 남편과 함께 고민을 나눕니다. 엄마인 저보다는 동성인 남편이 이 아이들을 잘 이해합니다. 엄마로서 어떻게 행동해야 하는지, 아빠로서 어떻게 훈육해야 하는지, 무엇이 우리 아이들에게 가장 나은 방향일지를 함께 이야기합니다. 때로는 밤늦게까지 서로의 생각을 나누며 아이의 감정선을 따라가 보기도 하고, 부모로서 실수하고 후회했던 기억을 떠올리며 웃음 짓기도 합니다. 그리고 아이들 육아로 인한 스트레스는 편의점 맥

주와 마른안주를 씹으며 날려 버립니다. 육아 동지라는 이름하에 또 다른 의미의 사랑을 만들어 가고 있지요.

　엄마로서 아이들에게 엄해야 할 때는 단호하게, 부드럽게 감싸고 따스함이 필요한 순간에는 아이들을 말없이 꼭 안아 줍니다. 때로는 기다려 주고, 때로는 먼저 다가가며, 나만의 방식, 아니 우리만의 방식으로 사랑을 이어 갑니다. 완벽하지 않아도 괜찮습니다. 중요한 건, 아이들을 향한 사랑을 멈추지 않겠다는 우리의 마음과 실천입니다. 서툴지만 몸으로 부딪치며 사랑을 배우고, 아직은 미완성일지라도 진심을 다해 사랑을 나누고 있습니다.

　이제는 두렵지 않습니다. 사랑은 언제든 다시 배우고, 다시 시작할 수 있는 것이니까요.
　우리는 지금, 그 사랑을 '살아 내고' 있습니다.

초록빛 나, 사랑하는 중입니다

연율

한여름, 이마에 맺힌 땀방울 위로 선선한 바람이 스쳐 지나간다. 뜨거움과 차가움이 공존하는 그 순간, 문득 나는 가루처럼 흩어지는 상상을 한다. 그동안 '나'라고 믿어 온 정체성이 꽃가루처럼 흩날리는 느낌. 그건 사라짐이 아니라, 어딘가로 자유롭게 떠도는 해방이었다.

나는 놀이공원으로 날아가, 커다란 바이킹에 올라타 신나게 소리친다. 겁 많던 내가 바람 따라 이곳저곳 웃으며 부유한다. 정신을 차려 보니 어두운 엘리베이터 안. 등을 돌리고 있던 빨간 머리 남자가 확 돌아본다. "아악!"
깨어났다. 땀에 흠뻑 젖은 몸. 꿈이었다. '어디서부터 어긋난 걸까?'
대학원 졸업 후, 동료들과 함께 일군 어학원은 내 자부심이었다. 수업과 관리, 프로그램 기획까지 내 시간과 마음이 고스란히 담겨 있었다. 하지만 코로나를 기점으로 학원은 흔들리기 시작했다. 신도시가 생기며 학생들은 자연스레 빠져나갔고, 원장은 점점 더 많은 일을 나에게 맡겼다.

"지금 학원 사정이 많이 어려워요. 믿을 분은 선생님밖에 없어요."

그땐 몰랐다. 모든 건 타이밍이라는 걸. 조금만 더 애쓰면 예전처럼 회복될 줄 알았다. '그래, 조금만 더 견뎌 보자. 이 고비만 지나면 괜찮아질 거야.'

원장은 인건비를 아끼기 위해 시간표를 촘촘하게 짰다. 나는 수업을 풀로 하고, 관리 업무는 집으로 가져오는 날이 다반사였다. 그래도 괜찮았다. 내 시간과 마음이 투영된, 내 학원이라 믿었으니까. 하지만 어느 순간부터였을까. 원장은 외식 사업에 집중하기 시작했고, 학원을 비우는 날이 많아졌다. 내 책상 위에는 해결되지 않은 일들만 쌓여 갔다. 보상은커녕 반복된 건 원장의 푸념뿐이었다. 학원들이 하나, 둘 정리되기 시작한 상황. 누가 봐도 분명 멈추어야 하는 신호였다.

"선생님, 외식 사업으로 번 돈을 다 여기에 쏟아부었는데, 남는 게 없어. 적자야." "선생님이 있어서 정말 다행이야. 우리, 조금만 더 힘내요."

나는 속으로 되뇌었다. 이제는 그만두어야 할 때라고. 나만의 일을 시작해야 할 시점이라는 걸 누구보다 잘 알고 있었지만, 쉽게 발을 뺄 수 없었다. 그녀는 오랜 시간 함께해 온 전우 같은 존재였기에. '의리'라는 이름으로 내 마음의 신호를 애써 외면하며 버텼다.

그러던 어느 날, 그녀는 담담히 말했다. 학원을 다른 사람에게 넘겼고, 앞으로의 거취는 스스로 결정하라고. 그때부터였다. 빨간 머리 남자가 꿈에 등장하기 시작한 건.

내가 좋아하던 영어 교육, 아이들과의 소통. 이제는 더 이상 즐겁지 않았다. 첫사랑을 쉽게 놓지 못하다 이별한 뒤 느끼는 상실감처럼, 무기력함만 남았다. 몸은 깨어 있었지만, 마음은 어두운 동굴 속으로 기어들어가 숨고만 싶었다. 늘 '일'이라는 이름 아래 나를 뒤로 미뤄 두었던 시간들. 그 끝엔 축 처진 어깨와 바싹 마른 마음만이 남아 있었다. 말로는 설명할 수 없는 깊은 번아웃이 내 안에 고요히 내려앉았다.

'왜 모든 결정의 우선순위에서 나를 가장 마지막에 두었을까?' '내가 진짜 하고 싶었던 건, 대체 뭐였을까?'

카페에 앉아, 오래 미뤄 둔 나를 깊이 마주해 보았다. 시간을 조금 더 되감아 보면서.

대학생 때, 아버지 사업이 어려워지며 시작한 학원 아르바이트. 생각해 보면, 영어 교육은 내게 노란빛 사랑이었다. 서툴지만 해맑고 풋풋했던 사랑.

"선생님, 편하게 해 주세요. 아이들이 선생님 좋아할 것 같아요."

첫 반은 고등학생 다섯 명. 나와 나이 차이도 얼마 나지 않는 아이들. 수업 시작 전부터 나를 시험하듯 질문을 쏟아냈다. "선생님, 첫사랑은 언제였어요?", "누나라고 불러도 돼요?"

수업 주도권은 이미 그들 손에 넘어가 있었다. 무슨 말을 했는지도 기억나지 않는다. 수업이 끝난 뒤, 나는 주임 선생님께 불려갔고, 고등학생 수업에서는 바로 제외되었다. 그래도 감사했다. 계속 일할 수 있다는 사실만으로도. 서툴렀기에 도전할 수 있었고, 모든 게 새로웠기에 버틸 수 있었다.

'어떻게 하면 아이들과 더 재밌게 소통할 수 있을까?'

나는 칠판 앞에 서서, 분필을 휙 던져 본다. 교실 안은 금세 웃음으로 번진다. 아이들의 반짝이는 눈빛과 함께. "잉글뤼시는?" "마음속에 있어요!"

익숙한 구호에 목소리도 덩달아 높아진다. 내 교실에서는 누구나 영어로 말해야 한다. 틀려도 괜찮다. 놀랍게도, 아이들은 그걸 즐거워한다. 아이들이 즐거우면, 나도 살아난다. 그렇게 나의 노란빛 사랑은 점점 깊어지고 진해졌다. 해맑기만 했던 노란 사랑은, 차츰 진한 겨자색으로 물들어 갔다.

하루가 끝나면 내 책상 위엔 땀 얼룩이 묻은 교재와 낙서투성이 수업 플래너가 어지럽게 펼쳐져 있었다. 밤 11시, 학원 복도를 나설 때면 간판 불빛에 유독 눈이 시렸다. 문을 나서도 머릿속은 온통 일 생각으로 가득했다.

"조금만 더 하고, 하고 싶은 건 나중에 실컷 해 보자."

나는 그렇게 매일을 미뤘다. 가고 싶은 여행은 '시간 날 때' 가기로, 책은 '언젠가 여유 생기면' 읽기로. 하고 싶은 일의 밑그림은 아이들 시험만 끝나면 차근히 세우기로.

하지만 어느 날, 멍하니 버스 창문에 비친 내 얼굴을 마주한 순간 문득 깨달았다. 그 미뤄 뒀던 '언젠가'는 지금이 지나면 오지 않는다는 것을. 내가 진심으로 사랑해야 할 대상은, 바로 나 자신이라는 걸.

처음엔 숲에 물 주기를 멈추었고, 이윽고 가지마다 잎이 우수수 떨어졌다. 그렇게 버티는 사이, 내 마음의 숲은 황량한 사막이 되어 갔다.

'초심으로 돌아가 보자. 내가 좋아하던 티칭, 다시 즐겁게 해 보자.'

출근길, 버스 창문 너머로 흐릿한 햇살이 번진다. 예전 같으면 이 시간에도 머릿속은 일정으로 가득했을 텐데, 요즘 나는 조금 다르게 하루를 연다. 짧은 산책이든, 스트레칭 몇 동작이든 몸을 먼저 움직인다. 몸을 움직이면 마음도 따라 깨어난다. 이런 아침을 보내고 나면, 조금 늦게 시작해도 괜찮다는 마음이 든다. 조급했던 시간을 천천히 되돌려놓는 연습. 요즘, 나는 그렇게 하루를 연다.

새로 옮긴 어학원은 활기찬 곳이다. 나는 일의 비중을 줄였고, 이제는 수업에만 집중한다. 아이들 앞에 서면 여전히 목소리가 높아지고, 수업이 끝난 뒤에는 숨이 차지만, 그 피로는 이전과는 결이 다르다. 마음에 생긴 틈 사이로 '나를 채우는 시간'을 갖고 있다.

다시 공부해 보기. "H, 한국어 진짜 어려워. 뜨거운 국물인데 왜 시원하다고 하는 거야?" "시어머니한테 반말 썼다고 혼났어. 존댓말 좀 가르쳐 줄래?"

예전에도 원어민 동료들에게 우리말의 미묘한 뉘앙스를 설명해 주곤 했었다. 어학당에서 배운 표현들을 함께 복습하며 웃던 순간들, 그 시간이 나는 좋았다. 그래서 다시, 한국어 교육을 공부하고 있다. 무언가를 새로 배운다는 건 '나를 나로 느끼게 해 주는 첫 번째 연습'이었다. 힘들어도, 이 바쁨은 '나를 위한 바쁨'이기에 만족스럽다. 완벽하지 않아도 괜찮다. 나는 나를 다시 살아 내는 중이다. 무엇보다, 이제 난 글쓰기를 하며 내 마음을 돌본다.

노트북을 열고 화면을 켠다. 빈 문서의 흰 여백이 조용히 숨을 쉰다. 책상 위엔 반쯤 마신 커피, 선선한 바람이 내게 스며든다. 손끝을 조금씩 움직이며 하루를 정리한다. 마음을 털어내듯. 이 글을 누가 읽게 될까? 지금은 알 수 없지만, 어쩌면 누군가도 나처럼 흔들리고 있을지 모른다. 그 마음에 닿기를 바라며, 조심스럽게 문장을 이어 본다.

직장을 떠나기로 했던 그 시절, 나는 종일 책을 읽었다. 다가오는 파도에 흔들리지 않기 위해, 내가 붙들 수 있는 것을 찾고 싶었다. 책을 읽으며 마음에 걸린 문장을 옮겨 적고, 그 문장 옆에 나만의 말을 덧붙이기 시작했다. 신기하게도 글을 쓰는 동안만큼은, 무거웠던 숨이 조금은 가벼워졌다. 어떤 날은 생각이 쏟아져 손이 바빴고, 어떤 날은 단 한 줄도 쓰지 못한 채 화면만 바라보다 잠들었다. 그 모든 날이, 나에게는 꼭 필요한 쉼표였는지도 모른다. 조금씩 알게 되었다. 글은 나를 숨기기도, 살아나게도 한다는 걸.

이제 나는 매일, 이 자리에 앉는다. 익숙한 커서 깜빡임 앞에서 조용히 마음을 정돈하며 한 문장을 적는다. 어디선가 이 글을 읽을 당신이, 잠시나마 숨 고르기를 할 수 있다면 좋겠다. 그저 그렇게, 한 문장이라도 건네고 싶어 나는 오늘도 쓴다.

사랑은 누군가와 주고받는 것이기도 하다. 하지만 가장 오래 지속되는 사랑은, 바로 나 자신에게 건네는 조용한 응원 아닐까?

"널 사랑하려고 노력해 본다고? 그건 노력이 아니라, 너에게 자연스러운 일이야. 네 푸르른 날은 과거도, 미래도 아니야. 바로 지금, 이 순간이야. 누구보다 너를 위한 삶을 살아."

흘러가는 시간 속에서 변해 버린 나를 사랑하는 일은 결코 쉽지 않았다. 바람 빠진 풍선처럼 쪼그라들기도 했지만, 그때마다 20년지기 언니의 따뜻한 말이 내 마음을 포근히 안아 주었다. 아프고 메말랐던 마음에도, 초록빛 나무가 자라기 시작했다. 이제는 40대라는 숫자 앞에서도 어깨가 움츠러들지 않는다. 오히려, 내 삶을 더 진하게 사랑할 수 있다. 넘어져도 괜찮고, 가끔 멈춰도 괜찮다. 중요한 건, 내가 나에게 등을 돌리지 않는 일. 끝내, 내가 나를 포기하지 않는 일.

지금 이 순간, 나는 여전히 나를 사랑하는 법을 배우는 중이다.
초록빛, 나 사랑을 하고 있다.

뜨거움과 차가움이 공존하는 순간,
나는 바람을 따라 자유롭게 부유한다.
하고 싶은 일이 생기면, 그냥 해 본다.
내 관심의 숲은 점점 넓어지고 있다.

그리고 이제, 빨간 머리 남자는 더 이상 내 꿈에 나타나지 않는다.

나를 다시 주워 오는 것도 사랑입니다

N잡러햅삐

스물다섯에 시작한 치과 일은 올해로 10년을 맞았다. 환자들에게 친절하고 밝다는 칭찬도 자주 들었다. 그러다 얼마 전, '그 아주머니'를 마주한 순간 그 시절의 내가 또렷이 떠올랐다. 서른 즈음의 나. 나를 사랑하기는 커녕 환자를 돌보기도 벅찼고, 마음속엔 메마른 바람만 불었다.

우리 치과는 칫솔질을 못 하고 온 분들을 위해 일회용 칫솔을 비치해 둔다. 싸구려 빳빳한 칫솔이 아니라, 칫솔모에 치약이 묻은 제법 고급스러운 칫솔이다. 그날도 칫솔함엔 열 개가 넘는 칫솔이 가지런히 꽂혀 있었다.

그런데 한 시간쯤 지났을까. 한 환자분이 말했다.
"선생님, 칫솔이 하나도 없어요."
"네? 그럴 리가 없는데요…." 하고 가 봤더니 정말 칫솔함은 텅 비어 있었다.

가끔 가족 여행을 위해 몇 개 가져가도 되냐고 묻는 분은 있었지만, 한 번에 모두 사라진 건 처음이었다. 다음 주에도 같은 일이 반복됐다. 아침에 채워 둔 칫솔들이 어느새 싹 사라졌고, 어김없이 누군가는 "칫솔이 없어요"라며 황당하다는 듯 말했다.

소문은 금세 돌았다.
"혹시 그 아주머니 아닐까?"
"지난주에도 같은 시간에 있었잖아."
'혹시나'는 '역시나'가 됐다. 그 아주머니가 맞았다. 모두가 말은 하지 않았지만, 힐끗힐끗 그녀를 바라보았다. 그때 누군가 조심스럽게 말을 건넸다.
"어머님, 죄송하지만 그 칫솔은 환자분들 공용으로 비치된 거라서요…."
순간 아주머니의 얼굴이 붉어졌다. 그런데 당황하기는커녕 오히려 목소리를 높였다.
"아니, 그깟 칫솔이 뭐 얼마나 한다고 사람을 무시해요? 내가 가져간 게 뭐 그리 대수라고 다들 이렇게 노려봐요?"
목소리는 병원 안을 울릴 만큼 컸고, 분위기는 얼어붙었다.

그녀의 말에는 변명이 아니라 억울함과 분노가 실려 있었다. 오래 참아 온 서러움을 한꺼번에 쏟아내며, 모두를 향해 되묻고 있었다. 사람들은 고개를 돌리거나 한숨을 쉬었다. 순간, 그 적반하장 속에서, 오래전의 내가 겹쳐 보였다.

그때는 작은 일에도 예민하게 반응했다. 모두가 다 적이었다.
"저 다음 주 금요일에 쉬어야 할 것 같아요"라는 동료의 말에 표정부터 굳어졌다.
그 말을 듣자마자
"그날 꼭 쉬어야 해요? 그럼, 저도 다음 주에 하루 쉴게요."라며 되받아쳤다.
연차·월차가 없는 직장에서 한 사람이 쉬면, 남은 사람은 두 배의 일을 떠안아야 했다. 손해 보는 건 견딜 수 없었다. 똑같이 해야만 직성이 풀렸다.

손이 느린 선생님에게 "일부러 천천히 하는 거예요?"라며 날카롭게 쏘아붙였다.
환자가 "원래 이렇게 아픈 치료예요?"라고 물으면, "나가시면 밖에서 설명해 드릴 거예요."라며 짧게 잘랐다. 늘 피로와 불만이 가득 했고, 타인을 향한 사랑이나 너그러움은 찾아볼 수 없었다.

처음부터 이랬던 건 아니다. 이전 직장에서는 늘 '이달의 친절상' 1순위였고, 동료들의 업무도 최선을 다해 도와주는 사람이었다. 지각이 잦은 동료가 있어도 '그럴 만한 이유가 있겠지' 하고 별생각 없이 넘겼다. 하지만 나는 달라져 있었다.

강도 높은 업무와 부업으로 몸은 점점 무너져 갔다. 걷는 걸음걸음마다 허리는 끊어질 듯 아파 왔다. 아프다는 이유로 쉰다고 하면 책임감 없는 사람, 자기 관리 못하는 사람처럼 보일까 두려웠다. 매일 타이레놀을 다섯 개씩 삼키며 참고 또 참았다. 게다가 얼마 전 엄마의 아들에게 빌려준 큰돈은 한 달이 지나도록 소식이 없었다.

직장에선 매일 아침 커피 타임을 가졌다. 나를 제외한 모든 선생님은 같은 종교였는데, 반복되는 기도와 구원에 대한 이야기를 쉴 새 없이 해 댔다.
몸이 아픈 것은 참을 수 있었지만, 정신적 스트레스가 더해지니 버틸 재간이 없었다. 불편한 상황들은 내 말과 태도를 거칠게 만들었다. 바꿀 수 없는 환경에 대한 무력감과 쌓여 가는 스트레스. 애써 눌러 두었던 푸드 파이터의 본능이 되살아났다. 폭식으로 점점 불어난 몸은 자책의 좋은 먹잇감이었다.

모든 게 얄밉고 꼴 보기 싫다는 이유로, 날 선 말들을 아무렇지 않게 뱉어냈다.

참지 않고 말하면 후련할 줄 알았지만, 날카로운 말을 내뱉은 밤은 더 어둡고 길었다.

불을 끄고 누워도 눈이 감기지 않았다.

'왜 또 그렇게 말했을까.'

'그 말은 하지 말걸…'

밤만 되면 후회가 찾아왔지만, 내 입에서 나온 화살은 이미 떠나고 없었다.

스스로에게 실망한 채 하루를 마무리하는 일이 반복됐다. 마음은 하루가 다르게 말라 가고, 나는 매일 조금씩 작아졌다. 그럼에도 다음 날이면 또 같은 말을 하고 있었다. 고치고 싶다고 생각하면서도, 말을 토해내다 보면 이미 늦은 뒤였다. 그건 분노가 아니라 '습관'이었다.

시간이 지나니 실타래처럼 엉켜 있던 주변의 문제들이 하나씩 해결되었다. 허리 통증은 희미해졌고, 직원들이 바뀌면서 종교에 대한 강요도 사라졌다. 엄마의 아들에게 빌려준 돈도

절반 이상 돌려받았다. 그렇게 모든 문제들이 다 해결됐다 생각했는데 끝까지 남아 나를 괴롭히는 게 있었다. 여전히 삐뚤어져 있는 내 태도였다.

어느 날 밤, 침대에 누웠는데 순간 엄청난 공포와 두려움이 방 안을 가득 채웠다. 상황은 다 바뀌었는데 나만 여전히 이 모양이라니. 혹시 이 상태가 평생 굳어지는 건 아닐까. 지금 여기서 빠져나오지 않으면, 나를 완전히 잃게 되는 건 아닐까. 날 선 말과 모진 태도를 당연하게 여기는 사람이 되는 것이 무서웠다. 어떻게 해야 고칠 수 있을까. 고민하고 또 고민했지만 답은 찾을 수 없었다. 결국 내가 할 수 있는 일부터 해 보기로 했다.

일단 입을 다물고 책을 읽었다. 퇴근 후 지친 몸을 의자에 묶듯 앉혀 책장을 넘겼다. 모난 마음은 독서에서도 드러났다. 늘 원하는 책만 골라 읽었다. 결국 편독하는 습관을 고치기 위해 '책 읽는 사람들' 틈에 나를 밀어 넣었다. 그곳에서 다양한 책을 접했고, 좋은 사람들을 만났다.

심리학은 마음의 구조를 들여다보게 했고, 자기계발서는 걸어야 할 길을 다시 보여 주었다.

철학은 생각의 폭을 넓혀 주었고, 인문학은 사람을 대하는 태도를 부드럽게 만들었다.

에세이는 타인의 하루를 빌려 나를 돌아보게 했고, 역사는 내 삶을 시간의 강 위에 내려놔 주었다.

6개월이 지나자, 말투가 조금씩 변하기 시작했다. 화가 나거나 억울한 일이 있어도 예전처럼 날카로운 말이 튀어나오지 않았다. 참을 수 없는 순간에도 참아지는 날이 오고야 말았다. 오히려 "말을 예쁘게 한다"는 칭찬을 들었다. 늘 길고 어두웠던 밤은 어느새 뿌듯함으로 가득 채워졌고, '살았다…'는 안도의 한숨이 절로 나왔다. 그런 내 모습이 나도 마음에 들었다.

자기 집처럼 병원을 드나들던 칫솔 아주머니를 내가 전담하기로 했다. 놀라운 사실은 처음엔 말없이 스쳐 지나가던 그녀가, 어느 날은 소개 환자를 데려왔고, 몇 달 후엔 조심스럽게 커피 하나를 건넸다. 그녀의 눈빛에는 처음 보는 따뜻함이 담겨 있었다. 그리고, 더 이상 칫솔은 사라지지 않았다. 특별히 잘해 준 것은 없었다. 그저 그녀가 하는 말에 귀 기울였고, 병원 문을 열고 들어올 때마다 이름을 불러 주며 반갑게 눈을 마주쳤을

뿐이었다.

몇 년 후

나름대로 행복한 30대 중반을 보내고 있었다. 그러나 몸에는 여전히 '비만' 딱지가 붙어 있었다. 한참 뒤에서야 깨달았다. 내 몸을 방치하는 건, 스스로를 외면하고 있다는 가장 확실한 신호였다. 하지만 몸을 변화시키는 일은 너무나 멀고 막막했다. 마치 손을 뻗어도 닿지 않는 신기루 같았다. 늘 마음만 앞서 있고, 몸은 항상 제자리였다. 오히려 무언가를 시도할 때마다 몸은 더 불어났다. 이건 앉아서 책장을 넘기는 것과는 전혀 다른 일이었다. 생각만으로는 움직일 수 없고, 결심만으로는 절대 변하지 않는 것. 그 앞에 선 나는 다시 한번, 깊은숨을 들이쉬었다. 그렇게도 찍기 싫었던 전신사진을 찍기로 했다. 눈을 질끈 감고 버튼을 눌렀다. 그러곤 황급히 사진을 감췄다. 체중계에도 올랐다. 태어나서 처음 보는 숫자가 찍혀 있었다. 인정하고 싶지 않았지만, 인정해야만 했다. 그게 내 다이어트의 시작이었다. 강력한 동기도, 확고한 결심도, 밥맛을 잃을 만한 충격도 없었다. 그저 먹는 것을 살피고, 조금 더 움직이기로 했다. 애초에 정해진 기한 따위도 없었다. 남에게 잘 보이기 위해 시작한 다이어트가 아니었기에. 다만 거울 앞에서 도망치던 나를 더는 외롭게 두고 싶지 않았다. 무엇보다 마음은 꽤 단단해졌는데, 몸만 무너져 있다는 사실이 뼈아프게 다가왔다.

다이어트 합숙소까지 갔다 왔을 정도로 살면서 수도 없이 했던 다이어트. 그러나 이번만큼 마음이 편했던 적은 없었다. 늘 남들과 비교하며 자책했던 내가, 처음으로 '어제의 나'와 비교하며 앞으로 나아갔다. 남들의 기준이 아닌 나만의 속도로 걸어가는 다이어트. 다그치기보다 다독여 주는 방식의 다이어트. 나만의 방식에 속도가 붙으니 믿음이 생겼고 그 믿음은 확신으로 바뀌었다.

1년 6개월이 지났다. 체지방만 23킬로가 빠져 있었다. 그제야 깨달았다. 살이 쪄서 나를 사랑하지 않았던 게 아니라, 나를 사랑하지 않아서 살이 쪘던 거였다. 몸은 잘못이 없었다. 문제는 나를 돌보지 못한, 그 마음이었다.

'3보 전진 1보 후퇴'를 되뇌며 버틴 하루하루는 나를 다른 사람으로 만들었다. 작았던 옷이 저항 없이 잠길 때, 영혼 없이 던지던 응원의 눈빛이 진심으로 바뀌었을 때, 유난스럽다는 표정이 놀라움으로 변했을 때. 해냈다는 감각이 뼛속까지 파고들었다. 나를 오래 지켜본 사람들이 낯선 얼굴로 "너…. 진짜 대단하다…."라고 말하는 순간, 내가 이뤄 낸 변화의 크기를 온전히 실감했다. 뿌듯함을 넘어서, 숨이 벅차고 눈물이 핑 돌 만큼, 진심으로 기쁘고 황홀한 순간이었다. 영화 '미녀는 괴로워'의 한 장면처럼 말이다.

이제는 안다. 자신을 돌본다는 건, 앉아서 책장만 넘기거나 단순히 몸무게를 줄이는 일이 아니다. 내 안에 쌓여 있던 미움과 피로, 외면을 하나씩 들여다보는 일이다. 나는 나를 돌보는 법을, 아주 오랜 시간이 걸려 다시 배우는 중이다.

여전히 모든 날이 따뜻하지는 않다. 마음이 무너지는 날도, 거울을 외면하고 싶은 날도 있다. 하지만 예전과 다른 건, 그런 날들 속에서도 나 자신을 미워하지 않는다. 가끔은 멈춰도 괜찮다고, 조금 느려도 된다고, 그렇게 다독이며 걷는다.

사랑은 거창한 선언도, 완벽한 누군가도 아니다.
매일의 나를 바라보는 것.
흩어진 나를 다시 주워 오는 것.
그게 사랑이다.

그리고 그 일은
언제나 나 자신으로부터 시작된다는 것을.
이제는 정말 알 것 같다.

사랑은 내가 피어날 때 온다

은은한 온도

사랑에 관해서 무슨 말을 써야 할까? 사랑의 종류가 워낙 많아서 어떤 사랑에 대해 써야 할지 그 대상을 정하는 것부터 시작해야 할 것 같다. 남편에 대한 이야기? 엄마? 아니면 우리 딸들? 동생? 내가 사랑하는 일, 소중한 사람들, 물건, 혹은 세상? 대상을 찾아서 헤매는 사이, 저 멀리 생각의 끝자락에서 손 흔드는 이가 있었다.

바로, 나였다.

나는 '나 자신이 바로 서 있어야 타인에 대한 사랑도 잘할 수 있다'고 생각하는 사람이다. 지금은 비공개로 전환했지만, 블로그에 이런 제목의 글을 쓴 적이 있다. 〈꽃이 되어야 파리 아닌 벌이 찾아오는 법이다.〉 좋은 남자와 좋은 사랑을 하고 싶으면 나 자신이 바로 서 있는 꽃이 되어야 한다는 뜻이다. 이렇게 말할 수 있는 건, 내가 그 변화의 장을 직접 겪었기 때문이다.

과거에 사귀었던 남자들을 곱씹어 보면 나쁜 남자들이 있었다. 내 뺨을 때린 남자가 그 시작이었다. 그다음 남자는 화가 났을 때 물건을 던지거나 부수기도 했고 나와의 말싸움 중에는 내 몸을 밀치기도 했다. 물건을 부수던 그 남자와는 몇 년간의 연애를 지속했는데 그와 싸울 때마다 두려우면서도 헤어지는 걸 참 힘들어했다. 그 무엇보다 가장 슬펐던 건 내 심장이 그런 남자들에게만 쿵쿵 뛰었다는 점이었다. 소위 착하고 얌전하고 좋은 남자들과 연애했을 땐, 도무지 내 마음이 끓지를 않았다. 사랑의 감정이 길게 유지되지 못했다. 반복되는 연애 패턴을 보면서 생각했다.

'나는 왜 나쁜 남자들에게만 이토록 절절매며 사랑의 감정을 느낄까?'

어릴 적부터 내가 했던 다짐이 하나 있었다. '아빠 같은 사람은 절대 만나지 않을 거야.' 하지만 아이러니하게도, 내 머릿속 깊이 각인된 그 문장은 오히려 아빠와 닮은 사람을 사랑하도록 나를 이끌었다.

기억속의 아빠는 나를 별로 좋아하지 않았다. 아빠는 나에게 '엄마를 꼭 닮았다', '애가 애 같지 않다'고 했다. 아빠의 무릎에는 늘 동생이 있었고, 동생을 바라보는 눈빛이 다르다는 건 어린 내가 봐도 충분히 느낄 수 있었다. 심지어 동생은 아빠한테 맞아 본 적도 없었다. 물론, 그 이유 하나 때문에 아빠 같은 사람을 피한 건 아니다. 단적으로 말하면, 나의 아빠는 가족에게 폭력을 휘두른 나쁜 사람이기 때문이다. 다행히 법원의 접근금지명령으로 엄마와 아빠는 내 나이 12살에 헤어졌다. 그리고 지금까지 아빠를 본 적은 없다.

그런데 사랑 이야기를 하다 갑자기 왜 아빠 이야기를 하는 걸까? 그건 내가 '여자'라서 그렇다. 딸에게 있어 아빠는 최초의 이성이기 때문에 중요하다. 그 최초의 이성으로부터 받은 사랑이 앞으로 딸이 겪을 사랑의 질감을 결정한다고 나는 생각한다. 나는 그 최초의 이성에게서 나의 탄생을 환영받지 못했다. 탄생뿐만 아니라 함께 했던 짧은 시간 속에서도 사랑받지 못했다. 하지만 괜찮았다. 아빠에게 받지 못했던 사랑을 엄마에게 흘러넘치도록 받았으니까. 그래서 누군가를 사랑할 힘은 넉넉하다고 생각했다. 하지만 연애만 하면 낯선 내가 튀어나왔다. 평소에는 그렇게 똑 부러지면서 나쁜 남자와 연애할 때만은 매우 질척였다. 스스로 이해가 되질 않았다.

이런 고민이 깊어질 때쯤 나는 연극치료대학원을 다니고 있었다. 연애와 관련된 상담을 받던 중 교수님이 그러셨다. "부모가 나쁜 사람이든 좋은 사람이든 자식이 부모에게 사랑받고 싶은 건 너무 당연한 거야. 불편하게 생각하지 않아도 돼." 그 말을 듣자마자 눈물이 터져 나왔다. 집으로 돌아가는 버스 안에서 울고, 거리를 헤매며 울고, 집에 와서 일기를 쓰면서도 계속 울었다.

그제야 알았다. 내가 왜 나쁜 남자에게만 절절맸는지.

나는 아빠에게 사랑받고 싶었던 거였다. 아빠한테 사랑받고 싶다는 갈망은 나로 하여금 아빠와 닮은 이성과 연애하도록 부추겼다. 사귀었던 남자들에게서 아빠의 모습을 발견할 때마다 소름이 돋을 정도로 무서웠지만 헤어지기가 힘들었다. 머리로는 알았다. 이런 남자를 사랑해선 안 되고, 헤어져야 한다는 걸. 그동안 내가 그 남자들과 헤어지지 못했던 이유는 이별이 마치 아빠에게 버림받는 것처럼 느껴졌기 때문이었다. 원초적인 괴로움이었고 내 안의 상처였다.

더불어 불협화음을 내는 또 다른 소리가 있었다. '아빠는 나쁜 사람인데 그런 나쁜 사람에게 사랑받고 싶다는 건 뭔가 잘못된 거 아닌가?' 아무리 생각해도 앞뒤가 안 맞는 말처럼 느껴졌다.

하지만 교수님의 그 말씀이 괴로웠던 나의 마음을 위로해 주었다. 그리고 나는 아빠에게 전해지지 못할 고백을 혼자서 했다.

'아빠는 나쁜 사람이야. 알지? 아빠가 나쁜 아빠라는 거 나 너무 잘 아는데, 그래도 아빠가 나를 사랑해 주지 않아서 너무 슬프고 외로웠어. 왜 날 사랑해 주지 않았어? 나도 아빠 딸인데... 나도 사랑 좀 해 주지. 나는 아마도 아빠한테 사랑받고 싶어서 그동안 아빠 같은 남자를 만났었나 봐. 하지만 앞으로는 달라질 거야. 더 이상 외롭다고 누군가를 찾지 않을 거야. 잘 가, 아빠. 나를 태어나게 해 줘서 고마워.'

아빠의 딸로 태어난 건 내가 선택할 수 없는 일이었다. 아빠를 닮은 이성과 연애했던 건 내가 선택하긴 했지만 나의 미숙한 처사였다. 그리고 이미 벌어진 일이었다. 다짐을 했다. 앞으로의 사랑은 남에게 얻지 말고 내가 나에게 해 주자고. 나는 사랑의 초점을 이성에게서 나로 옮겨 왔다. 외롭다는 이유로 타인을 찾지 않고 외로움조차 기꺼이 끌어안기로 했다. 푹 꺼져 버린 아빠라는 사랑의 공백만큼 나 자신을 사랑하기로 결심한 것이다.

첫 단추는, 자신을 있는 그대로 인정하는 일이었다. 나쁜 아빠라도 사랑받고 싶어 했던 마음을 부정하지 않고, 그 마음 그대로를 고스란히 품는 일이었다.

놀랍게도 그 이후, 나는 아빠와 정반대되는 남자를 만났다. 그 남자는 우선 욱하는 성미가 없었다. 욱하는 성미로 다른 사람과 마찰을 일으키는 아빠와는 영 딴판이었다. 그 남자는 어떤 상황에서도 쉽게 찰랑거리지 않았다. 마치 고요한 호수 같았다. 싸움이 생겼을 때조차 불같이 타오르지 않았다. 언성을 높이지도 않으면서 분명하게 자기 할 말을 다 했다. 아빠의 분노가 불같이 뜨거웠다면 그 남자의 분노는 얼음처럼 차가웠다. 오히려 그런 점이 퍽 마음에 들었다. 그리고 가장 중요한 만취 상태를 확인했다. 그 남자는 필름이 완전히 끊긴 상황에서도 누군가와 시비 붙는 법이 없었다. 취했음에도 사람에게 공손했고, 집에 와서 자는 것이 그의 유일한 술버릇이었다.

다행히 아빠와 반대되는 그 남자와 결혼했다. 현재 두 아이를 키우며 9년째 잘 살고 있다. 남편은 되레 엄마를 닮았다. 온순한 성미, 높낮이 없는 감정의 기복, 나를 소중히 대하는 태도 등 엄마를 떠올리게 하는 남자였다. 지금의 남편을 만나 사랑을 하고 가정을 이루며 나는 점점 더 안정되어 갔다. 나의 탄생은 최초의 이성에게서 축복받지 못했지만, 나의 죽음은 마지막 이성인 그의 곁에서 안락할 거라고 믿는다.

만약 지금, 나쁜 패턴의 연애가 반복되고 있다면, 자신을 돌아보았으면 한다. 그 이유를 찾아보고, 이유를 찾았으면 뾰족한 아픔이 있는 자신을 스스로 보듬어 주었으면 좋겠다. 나를 사랑하는 일은 거창하지 않았다. 설사 내가 원하는 나의 모습이 아니더라도 '괜찮아~ 네가 그랬구나' 하며 스스로를 다독이고 인정하는 일이 그 시작이라고 생각한다. 타인에게 도움을 구하지 말고 내가 나를 구해야 한다. 나를 구하면 내가 원하는 사랑을 만날 수 있다.

그래서 나는 안다. 자신에 대한 사랑이 없는 사람은 상처 입은 상태라는 걸. 상처 입은 채 딱딱한 씨앗 속에 숨어 내가 씨앗인 걸 자각하지 못한다면, 절대 벌과 나비가 날아들지 않는다. 스스로 씨앗 속에서 나와 꽃을 피워야 나의 향기를 따라 벌과 나비가 찾아올 것이다.

내가 활짝 피어날 때, 그제야 내 향기를 따라 사랑이 날아든다. 그러니 사랑을 원한다면, 먼저 나를 꽃피우자.

나를 사랑해도 될까요?

정아름

갓 서른이 넘었을 무렵, 대인관계가 불편해지기 시작했다. 자기 탐색을 시도하는 사춘기도 아니고, 성인이 된 20대도 아니고. 왜 서른 즈음에야 알아차렸을까?

나의 20대는 이름 대신 '엄마'로 불린 시간이었다. 2, 3년 터울로 태어난 세 아이를 키우다 보니, 나의 곁에는 늘 아가들이 함께 머물렀다. 아이들이 담아내는 특유의 맑음과 밝음이 있었기에 나를 드러내지 않고도 매끄러운 관계가 가능했다.

서른 즈음, 막내를 유치원에 보내고 독립된 한 개체로 사람들과 관계를 맺기 시작했다. 'ㅇㅇ 엄마'가 아닌, 오롯한 내 이름으로 맺는 관계에는 까끌한 이물감이 서렸다. 아이들이 주는 맑음과 밝음의 자리를, 서먹함과 긴장감이 대체했다. 웃으며 이야기를 나누었지만 웃음 뒤에 숨겨진 그림자를 느꼈다. 그리고 그 원인이 나에게 있다는 것을 직감했다. 상담을 받아 봐야 할까. 진지한 고민이 시작되었다.

*

조용하고 내향적인 아이. 나서는 일이 드물고, 공부는 그럭저럭 잘하지 못하는 편. 어린 시절의 나를 생각할 때 떠오르는 문장들이다. 그때의 나와 관련된 두 가지 기억이 떠오른다.

드러나지 않는 아이

40명이 넘는 아이들이 한 반이었던 시절. 5학년 담임 선생님은 학년이 끝날 때까지 내 이름을 잘 몰랐다. 발표하려 손을 든 나를 지목하고는, 내 이름을 말하지 못해 머뭇거렸다. 이름을 기억하지 못하는 건 선생님인데, 왜 내 얼굴이 벌겋게 달아올랐을까. 기억되지 못하는 존재라는 것에 부끄러움을 느꼈을까. 지금 이 문장을 쓰며 '선생' 뒤에 붙은 '님'이라는 표현이 잘 어울리지 않는다는 생각이 드는 것을 보니, 그 일로 인해 상처를 받았었다 보다. 그때도 지금도 별일 아닌 듯 넘어갈 수 있지만 말이다.

그 자리에 있음에도 인식되지 않았던 한 '존재'의 '존재감 없음'에 대한 기억. 그 기억의 자리에는 슬픔이 스민다. 별일 아니었던 이 일은, 특별히 다뤄 내야 할 일이 되었다.

조용한 아이

초등학교 6학년이었나. 조장을 뽑는 중이었다. 그룹의 한 아이가 가위바위보로 조장을 정하자는 의견을 냈다. 가위바위보를 하다 보니, 나와 다른 아이 한 명이 최후의 2인이 되었다. 그때부터 나머지 아이들이 나와 겨루는 상대였던 아이를 응원하며, 소란스럽게 의견을 내기 시작했다.

"조장은 활발하게 말을 잘 하는 사람이 해야 해."
"너무 조용한 사람은 조장을 할 수 없어."
"재밌는 아이가 해야 해."
저마다 열띤 주장을 펼쳤다.

그 순간마저도 조용했던 나는, 속으로 생각했다. '나도 안 할 건데. 내가 이기면 나는 ○○를 지목할 건데.'
마지막 가위바위보. 최종 승자는 나로 결정되었다. 나조차도 별로 원했던 결과는 아니었지만 어쨌든 내가 이겼다. 소란스런 아이들 틈에, 한 아이를 가리키며 말했다.

"네가 조장 해."

조장권을 자발적으로 넘기며 소란은 일단락되었다. 다른 아이들의 말에 크게 동요되지 않고, 차분히 조장권을 넘긴 것은 잘한 선택이다. 하지만 그 당당했던 선택과는 별개로, 그때 내가 들었던 말들은 이상하리만치 오랫동안 내 안에 담겨 있었다. 그리고 이후의 내 삶에 큰 영향을 미쳤다. 꽤 오랜 기간 동안 스스로를 '재미없는 사람, 말을 잘 못하는 사람, 그룹 안에서 존재감이 없는 사람'이라고 정의했으니 말이다.

기질과 성향은 내가 원하는 것과 상관없이 갖게 되는, 통제불능의 영역 아니던가. 내가 선택할 수 없었던 나의 기질 앞에 깊은 슬픔을 느꼈다. 마음에 가득 찬 슬픔 때문인지, 타인에게 온전한 사랑을 주기 어려웠다. 따뜻한 관계를 맺는 것 같다가도 어느 순간 두려움이 몰아치곤 했다. 내 진짜 모습을 알면 실망하고 떠나 버릴 것 같은 불안함. 그 감정의 파도 앞에서는 언제나 체기를 느꼈다. 명치가 떨리고 눈물이 고였다. 불편한 그 감각을 차단하기 위해 타인과 나 사이에 선을 그었다. 친절한 미소를 걸친 채, 모든 문제의 원인은 내 성격적 결함이라고 스스로를 비난하며.

사람은 관계에서 단절을 느낀 채로 살아갈 수 없다. 함께 있어도 연결되지 않는, 그 막막한 감정이 조용한 우울로 내 안에 쌓여 갔다. 남편과 아이들로부터 넘치는 사랑을 받고 있었음에도, 이유를 알 수 없는 슬픔에 잠식되는 상황이 반복되었다. 원인을 알고 싶었다. 해결하고 싶었다. 상담을 받을까 고민하던 차에, 놀이치료를 공부하는 여정이 시작되었다. 나의 깊은 내면은, 과거의 기억 조각들을 더듬으며 나 자신을 새롭게 비추기 시작했다.

만들기, 그림, 모래, 악기 등 다양한 활동을 통해 놀이치료를 체화해 갔다. 나를 입체적으로 바라보며, 스스로에게 주는 사랑의 시선을 경험했다. 많은 경험이 쌓여 가던 중, '나는 당근 같은 사람이구나'라는 사실을 발견하고 얼마나 기뻤던지! 당근이라니… 좀 우습기도 하지만, 당근이 주었던 통찰의 경험은 강렬했다. 고작 당근에서 끌어낸 나의 존재적 통찰 일기의 일부를 소개한다.

2019년 4월 19일

종이와 부직포를 사용해 땅에 심겨진 당근을 입체적으로 만들었다.
주황색 몸통 부분을 종이 흙 속에 묻어 두니 겉에서는 초록색 잎만 보인다.
잎을 당겨 뽑으니 밝고 영롱한 주황색 몸이, 존재감을 뿜으며 위풍당당하게 드러났다.
그 순간 알아차렸다.

아, 이것이 내가 괴로웠던 이유구나.
밝은 주황빛의 단단한 진짜 내 모습은 무시된 채
단순한 '풀'로만 인식되는 평가가 괴로웠구나.

나를 다시 바라본다.
나는 초록 잎 같은 사람이다.
동시에 톡톡 튀는 밝음과 단단함을 가진 사람이다.

아직도 그때의 기억이 선명하다. 영롱하게 빛나는 주황빛 몸이 쑥 뽑혀 나와 존재감을 발할 때의 쾌감이란! 이런 경험을 통해, 숨겨진 나의 특성을 하나씩 발견해 갔다. 밝고 다채로운 빛깔을 가진 나를 마주했다. 타인의 평가는 가장 표면에 드러난 일부일 뿐, 내 존재 전체를 말해 주지 않음을 깨달았다. 통찰을 거듭할수록, 나를 향한 따뜻한 시선이 커져 갔다. 있는 모습 그대로 사랑받기에 충분한 존재라는 감각을 깨워 갔다. 비로소, 나를 사랑하기 시작했다.

*

'있는 모습 그대로 수용받음'

나는 이 말에서 '사랑'을 느낀다. 무엇도 대체할 수 없는 온전한 사랑, 안전한 사랑을. 무언가 결핍된 사람이라는 시선으로 평가받았던 어린 시절 나의 이야기와 연관되어 있을 테다.

한 존재를 비판 없이, 존중으로 바라보는 시선은 편안함과 안도감을 주는 사랑이다. 불완전함을 인정하며, 존재 그대로 수용하는 시선으로부터 사랑이 전달된다. 한 사람에서 시작된 사랑은, 전달되고 전달되어 퍼져 나간다. 물줄기가 모이고 모여 강을 이루는 것처럼. 온전한 수용이 시작된 곳으로부터 진정한 사랑의 강이 흐르기 시작한다.

어린 시절의 내게, "너는 너만의 고유한 특성을 가진 사람이야"라고 말해 주는 사람이 있었으면 어땠을까? 나에 대해 어떤 부정적인 판단과 평가 없이, 그저 내가 가진 고유함을 따뜻하게 바라봐 주는 존재가 있었다면. 나 자신을 사랑하는 삶을 조금 더 일찍 시작할 수 있었을까? 경험의 부재를 통해 삶의 방향을 발견했으니, 결핍 조차도 아름다운 삶의 한 자락임을 깨닫는다.

결핍을 힘으로 바꾸어, 수용하는 사랑의 삶을 살아 내길 원한다. 부정적인 평가 뒤에 숨겨진 '빛나는 모습'을 알아봐 주고 싶다. 조용하고 신중한 성품의 A와 나누었던 대화를 떠올리며, 오늘도 꿈꾼다. 진짜 자기 모습을 발견하고 사랑하는 사람이 많아지기를.

 # 에필로그

A: "그룹 안에서 대화를 나눌 때, '너는 왜 이렇게 말이 없냐'는 말을 자주 들어요. 의견이 없는 것은 아닌데, 제 말을

자유롭게 나누는 것이 어려워요. 저도 제가 말하는 비율이 너무 적다는 생각이 들어요."

나: "나도 그런 편인데⋯ (웃음) 그런데 네 말을 듣다 보니, A는 다른 사람의 말을 잘 들어 주는 것을 중요하게 생각하는 것 같은데?"

A: "네, 그렇죠. 잘 듣다가 관련된 생각이 나면 편하게 이야기를 하고요."

나: "타인의 말을 존중하는 마음이 느껴지네. 말을 안 하는 긴 시간의 비율만큼 다른 사람의 말을 잘 들어 준다는 뜻이니, A는 보배 같은 귀를 가졌네~"

말을 안 하는 사람이라는 평가 때문에 그룹 안에서 위축감을 느꼈던 A는, 이 날 나눈 대화를 통해 자신에 대해 새로운 정의를 내렸어요. "나는 말을 안 하는 사람이 아니라, 잘 들어 주는 사람이다"라고요. 이런 마음을 되새긴다면, 점점 말을 잘 하는 사람이 될 거예요. 'ㅇㅇ를 못하는 사람'이라는 틀은 사람을 위

축시키지만, 'ㅇㅇ를 잘 하는 사람'으로 전환된 생각은 용기를
얻게 하고, 성장하게 하니까요.

ㅇㅇ님은,
무엇을 못한다고 평가받으셨나요?

못한다고 생각하는 것의 이면에는
잘하는 어떤 면이 숨겨져 있나요?

아버지와 나의 암묵적인 사랑규칙

박상현

"36년 만에, 아버지와 처음으로 단둘이 밥을 먹고 있다."

서로 말은 없었다. 김이 피어오르는 밥상 앞, 국물 넘기는 소리와 젓가락 부딪히는 소리만 오갔다. 관자놀이에서 흐르기 시작한 땀방울이 볼을 지나 턱 끝까지 흘러내릴 무렵, 문득 이런 생각이 들었다.
'내 인생 부정은 2년 전과 후로 나뉜다.'

내 나이 89년생, 만 36살. 내 또래 대한민국 아들 중, 아버지와 '단둘이 밥 한 끼 편하게 먹는다'고 말할 수 있는 사람이 얼마나 될까? 나는 그 확률이 꽤 낮을 거라고 생각한다. 엄청난 문제가 있다기보다, 자연스럽게 마음의 거리가 생겼기 때문이다. 그래서 '사랑'이라는 말은 더더욱 꺼내기 어려워진다.

2년 전, 10년 서울살이를 정리하고 고향 부모님 댁으로 돌아왔다. 미혼인 나는 지금, 경기도 서쪽 끝 접경지역에 살고 있다. 휴전선 강 건너 이북이 보이는 마을. 휴전선 철조망처럼 뒤엉킨 복잡한 감정들이, 이 고요한 풍경 속에서 잠시나마 풀어질 것 같았다.

집에 들어온 첫 저녁 식사 자리. 아버지는 여전히 호통부터 치셨다.

"아직도 젓가락질이 그게 뭐냐?"
"…아, 그게…"

나는 어릴 때부터 젓가락을 바르게 쥐지 않았다. 불편하지 않으니 굳이 고쳐야 할 이유도 느끼지 못했다. 아버지의 지적은 반복됐지만, 고칠 생각은커녕 식사를 피하거나 대충 넘기기 바빴다.

'DOC와 춤을' 가사에 이런 구절이 있다. "젓가락질 잘해야만 밥을 먹나요. 잘못해도 서툴러도 밥 잘 먹어요." 어릴 적 나는, 그 가사에 마음을 기대곤 했다.

하지만 이번엔 달랐다. 예전처럼 회피하고 넘기기엔, 더 이상 어린 내가 아니었다. 어쩐지 이번엔 정말 고쳐 보고 싶었다. 그래서 아버지께 선언했다.

"일주일 안에 한번 고쳐 볼게요."
"그래, 알겠다."

아버지는 짧게, 과묵하게 대답하셨다.

그날 밤, 젓가락 교정기를 주문했다. 그리고 일주일 만에, 표준 젓가락질을 익혔다. 서른 중반, 처음으로 수십 년간 익숙했던 습관을 바꿨다. 돌이켜 보면, 단순히 젓가락질만 바꾼 게 아니었다. 오래된 내 방식에서 벗어나, 아버지와의 관계를 조심스레 열어 보려 했던 시작이었는지도 모른다.

앞서 나는, 내 또래 대한민국 아들들이 아버지와 '친하다'고 말할 확률이 낮다고 말했다. 그런데 아이러니하게도, 내 주변은 오히려 달랐다. 학창 시절 가까웠던 친구들, 현재의 친구들까지. 대부분 아버지와 사이가 꽤 좋다. 내가 갖지 못했던 관계였기에, 그 모습들이 유독 눈에 들어왔던 걸지도 모르겠다.

10대의 나는, 아버지와 마주 앉아 밥을 먹는 게 불편하고 어색했다. 젓가락질을 핑계 삼아, 아버지가 오시기 전에 서둘러 밥을 먹고 일어나거나, 다 드시고 나서야 식탁에 앉은 적이 많았다. 그렇게 된 이유는 원칙주의자인 아버지가 무서웠던 것도 있었고, 당시 술·담배에 의지하며 많이 흔들리시는 모습에 반감을 느끼기도 했다.

부모님은 내색하지 않으셨지만, 경제적으로 풍족한 편은 아니었다. 그럼에도 나와 여동생은 보금자리를 포함해 원하는 학원에 다니고, 먹고 싶은 음식도 먹으며 기본적인 생활을 누릴 수 있었다.

하지만 그런 충족만큼, 가장의 무게는 더 무거워졌고, 가족 간의 평화는 점점 멀어지는 듯했다.

20대의 나는, 아버지와 마주 앉아 밥을 먹는 게 죄송했다. 우리가 유일하게 겹쳤던 진로, '경찰 공무원'을 끝내 내가 선택하지 않았기 때문이다. 대화보다는 일방적으로 결정하고 통보하는 게 습관처럼 굳어 있었고, 그런 방식은 아버지와의 사이를 더 어색하게 만들었다.

경찰이라는 직업은 '신뢰'의 상징이고, 공무원은 안정적인 삶의 대명사라고 여긴다. 나 역시 한때 그 길을 동경했지만, 막상 제복을 입은 내 모습을 상상하면 이상하게 답답했다. 마음이 안정되지 않은 채, 직업만 안정적이면 과연 괜찮을까? 사명감보다는, 가족과 가까운 사람들과 함께 만들어 가는 삶이 내겐 더 중요했다.

그래서 다른 방식으로 삶을 설계하기로 했다. 부모의 바람과 나의 가치관 사이 벌어진 틈을 메우기 위해, 서울에서 무언가를 증명하려 애썼다. 정신없이 달렸지만, 부푼 기대와 달리 현실은 참혹했다.

결국 30대의 나는, 사회가 암묵적으로 정해 놓은 '지금 나이에 갖춰야 할 것들'에서 자꾸 어긋났다. 마치 내 젓가락질처럼.

그 시기 여동생이 크게 아팠다. 아픔을 겪고 나서야 우리는 서로를 더 자주, 더 깊게 바라보게 됐다. 딸 가진 부모님의 심정을 간접적으로 마주하면서, 실타래처럼 엉켜 있던 서운함과 오해의 감정들이 하나둘 풀려 갔다.

동생이 병원에 입원하기 전, 무뚝뚝하던 아버지가 내게 처음으로 부탁을 하셨다.

"잘하는 병원 있는지 좀 알아봐 줘."

아버지는 딸을 위해 적극적으로 움직이셨다. 평소엔 1년에 한두 번 겨우 외식할까 말까였던 우리가, 그해엔 자주 밥을 함께 먹었다. 통원치료 중에 과일 한 상자를 동생 집에 놓고 가신다든지, 가족 채팅방에 "사랑한다"는 메시지를 남기셨다. 낯설었지만, 따뜻했고, 조금씩 다르게 느껴지기 시작했다.

그러던 어느 날, 평일 저녁. 동생 집으로 향하던 길에 서울에서 김포행 버스를 탔다. 놀랍게도, 아버지가 운행하는 버스 차량이었다. 나는 맨 앞자리에 앉아, 처음으로 객석에서 아버지의 '삶의 현장'을 바라보았다. 정류장마다 탑승객에게 친절한 목소리로 인사를 건네셨다.

참고로 그는 경기도지사와 국토부장관 표창장을 받을 만큼 19년 차 무사고 베테랑 운전기사이기도 하다.

반대 방향의 버스를 타고 달리던 나의 인생에서, 잠시 아버지의 인생 버스에 조용히 올라탔다. 돌고 돌아, 휴식과 재정비를 위해 15년 만에 고향으로 돌아왔기 때문이다. 직업 특성상 아버지는 격일마다 쉬는 날이면 밭일을 하신다. 나도 따라가, 말없이 땀을 흘리며 농작물의 성장을 함께 지켜보았다.

거름을 품고 자라나는 초록 작물처럼, 우리의 관계도 서서히 푸른 빛을 되찾기 시작했다.

10대 때를 떠올리면, 지금의 순간은 상상조차 못 했던 풍경이다. 중학교 시절, 우리가 살던 빌라의 집주인이 사기에 휘말리며, 부모님은 돈을 돌려받지 못한 채 큰 손해를 보셨다. 당시 나와 동생은 영문도 모른 채 2층에서 3층으로 이사했다. 이 사실을 고향으로 돌아온 뒤에야 처음 어머니께 들었다.

부모님은 맞벌이로 버텨 내셨고, 결국 그 집을 자가로 다시 마련하셨다. 돌이켜 보면, 참 대단한 일이다. 그때 얼마나 치열하게 살았는지, 새삼 존경스러운 마음이 든다. 술과 담배에 의지해 흔들려 보였던 아버지는, 사실 생존을 위해 고군분투하고 계셨던 것이다. 지금은 금주·금연 10년 차 이상이 되었고, 화물차부터 관광버스, 시내버스까지 오가며 쉼 없이 주행하셨다.

아버지가 평생 지켜 온 운전 철학은 무엇이었을까? 이 글을 쓰며 처음으로 생각해 보았다. 아마, 탑승객을 끝까지 안전하게 데려다주는 일 아닐까.

그리고 그런 철학은, 어쩌면 자식을 향한 마음과도 닮아 있었는지도 모른다. 아버지는 내가 다치지 않고, 가능하면 조금 더 안전한 길로 가길 바라셨을 것이다.

내가 갑자기 고향으로 내려가겠다고 말씀드렸을 때, 아버지는 의외로 단 하나만 물으셨다.

"그래. 알겠다. 근데, 어디 아프냐?"

아버지와 함께 지내며 알게 된 것들이 많았다. 내가 어떤 방향으로 살고 싶은지 다시 털어놓았을 때, 지인들 자식들과는 다른 삶이라는 걸 알면서도 "알겠다"며 조용히 지켜봐 주셨다. 읍내에 다녀오실 때면 "먹고 해라" 하시며 간식을 사 오시고, 작년엔 바람막이, 최근엔 새 자전거까지 선물해 주셨다.

2025년 4월, 공동 저서 『엄마를 노래하며』를 종이책으로 아버지께 선물해 드린 적이 있다. 며칠 뒤, 집에 놀러 오신 동네 분들과 식사하던 자리에서, 아버지는 책을 꺼내 들며 "우리 아들, 작가예요"라고 알리셨다. 경찰이라는 진로에서 벗어난 지는 오래됐지만, 이제야 내 첫걸음을 인정받는 느낌이 들어, 내심 뿌듯했다.

2년 후, 현재의 나는 아버지와 마주 앉아 밥을 먹는 일이 익숙해졌다. 집에 둘이 있을 때나 농사를 가기 전, 우린 이런 이야기를 나눈다.

"아버지, 뭐 드실래요?"
"이거 먹자."
"좋아요."

그리고는 우리는 말없이 밥만 먹는다. 그동안 가족들과 빈 페이지를 함께 채워 가며, 처음으로 '농도 깊은 시간'을 보내고 있다.
문득 생각한다. 만약 지금 이 시간이 없었다면 어땠을까? 아마도, 나이 숫자만 쌓인 채, 예전 그대로의 미성숙한 습관들은 그냥 안고 살았을 것이다.
어쩌면, 크게 불편하지 않다는 이유로 평생 고치지 않았을 '나의 젓가락질'처럼 말이다.

인생은 계속해서 모양을 바꾼다. 나에게 정말 필요한 것이 있다면, 고집보다는 균형을 선택해야 한다는 걸 이제는 조금씩 깨닫고 있다.
처음엔, 아버지와의 관계를 조금이라도 바꿔 보겠다는 마음으로, 젓가락질부터 고쳐야겠다고 생각했다. 하지만 돌아보면,

그건 내 착각이었다. 기다리고 계셨던 쪽은, 내가 아니라 아버지였다.

그래서 이제는 확실히 말할 수 있다. 내가 한때 부정했던 감정은, 사실은 조용히 품어 온 '부정(父情)'이었다는 것을.

끝으로, 아버지.
존경하고 사랑합니다. 그리고 감사합니다.
자랑스러운 아들은 못 됐지만,
사랑스러운 아들이 되겠습니다.
오래오래, 건강하세요.

그녀의 방은 노란빛이었다

혜연

2022년 7월, 비가 많이 내리던 여름밤이었다.

11시가 넘은 시간, 그리고 시끄러운 휴대폰 벨 소리에 '엄마'라는 두 글자. 반가운 소식이 아님을 직감했다. 이번엔 도대체 무슨 일일까. 불안해하지 않으면, 불안하던 일이 일어나지 않을까. 가라앉는 마음을 붙잡고 심호흡을 한두 번 했다.

"엄마! 무슨 일이에요, 이 늦은 시간에?"

"응. 퇴근했지? 저녁은…."

"시간이 몇 시인데요, 당연하죠. 어디야? 무슨 일인데요?"

"……. 이제는 끝내야 할 것 같아. 너희 아빠랑."

엄마의 목소리는 어느 때보다 차분했다. 준비한 고백을 담담하게 말하는 사람처럼, 흔들림 없는 목소리였다. 밖에서 한참을 혼자 울었을 그녀의 물먹은 목소리는 수화기 너머 빗소리에 묻혀 갔다.

짐작은 하고 있었다. 언젠가 그런 날이 올지도 모른다고. 하지만 막상 그 순간이 오자, 말문이 막혔다. 아빠와의 헤어짐을 이야기하는 엄마의 결심에 아무 말도 건넬 수 없었다. 더는 말릴 수도, 붙잡을 수도 없는 이별의 선언 앞에서, 내 삶의 울타리도 함께 무너졌다.

다른 누구도 아닌, 엄마의 이별이라니.

"너희 아빠가 그러더라. 이렇게 60살 넘게 살았는데 바꿀 마음도 없고, 바꾸고 싶은 마음도 없다고. 엄마가 하고 싶은 대로 하래. 그래. 더 이상 같이 못 살겠어. 너희 아빠랑 있으면 가슴이 막 아파…."

스물넷부터 시작된 두 남녀의 사랑은 슬프도록 빠르게 막을 내렸다. 엄마는 아빠를 떠났고, 아빠는 엄마를 붙잡지 않았다. 40년을 같이 살았지만 단 4주 만에 결혼 생활이 끝났다. "그만 살자"는 엄마의 말 한마디에.

너희들 대학교 가면, 나를 위해 살 거야.

너희들 결혼하면, 나도 마음 편하게 살 거야.

엄마는 오래전부터 조금씩 표현해 왔다. 그때는 그 말이 무슨 의미인지 몰랐다. 엄마의 묵주기도와 부부 상담은 그저 깊은 신앙심일 뿐이라고, 이따금 느껴지는 냉랭한 분위기는 우리 집의 소통 방식이라고만 생각했다.

중학교 때, 부모님의 책장에서 제목에 끌려 펼쳐 봤던 우리 집 베스트셀러 『화성에서 온 남자, 금성에서 온 여자』는 누군가 남긴 밑줄과 포스트잇으로 빼곡했다. 두 분이 주고받았던 빨간색 부부 상담 노트는 어느 날부터 분리수거함 앞에 놓여 있었다. 말없이 포개진 세월처럼, 빛바랜 빨간색 노트들도 그렇게 잊혀 갔다.

분기 별로, 수십 명이 넘는 대가족 제사를 도맡았던 맏며느리의 세월. 고집 세고 무뚝뚝한 경상도 남자만 바라보며 무던히 참아 왔던 그녀의 세월. 사랑하는 것들을 지키기 위해, 가정에만 충실하며 삶에 대한 사랑을 참아 왔던 시간. 엄마는 환갑이 지나서야, "나는 지금 행복하지 않다"라며 내 삶을 사랑하겠다고 선언했다.

2022년 8월, 한 달 뒤.

엄마가 이사하던 날도 비가 내렸다. 시나리오를 맞춘 것처럼 이혼 서류가 정리된 바로 다음 날이었다. 아빠는 마지막 식사를 제안했지만, 4주 동안 닫힌 엄마의 방문처럼 엄마의 마음도 열리지 않았다. 이사 비용에 보탠다며 40년 묵은 결혼반지도 팔아 버린 그녀에게는 쌀 한 톨의 미련도 없었다.

"사장님, 여기서부터 여기까지만 포장해 주세요."

"이 그릇은 엄마 거예요? 아빠 거예요? 두고 가실 건가요? 가져가실 건가요?"

'이혼 이사'는 포장 이사보다 힘들고 번거로웠다. 회사에 휴가를 내고 엄마의 이별을 돕는 내 모습도 낯설었다. 연애하고, 이별하고, 다시 사랑하고… 결혼을 하며, 사랑의 기승전결은 나름대로 다 안다고 자신했는데. 머리로는 이해할 수 없는 게 사랑이었던가. 처음 보는 이별의 장면에 가슴이 퍽 막혔다. 긴 인연의 마지막을 지켜본다는 것, 내 가족의 헤어짐을 직접 도와야 한다는 것이 또 다른 상실감으로 다가왔다.

긴 세월만큼이나 부모님 집 안 곳곳엔 사랑의 역사도 가득했다. 둘이었다가, 셋이었다가, 넷이 된 한 가족의 오래된 사진 앨범들. 앳된 여자는 두 아이를 안으며 웃었고, 늠름한 남자는 미소마저 당당했다. 예뻤고, 푸르렀고, 화목했던 사진 속의 선명한 웃음들은 그때의 사랑이 진심이었음을 말해 주고 있었다. 이 다정한 장면들은 어떻게 나누어야 할까. 누군가는 갖고 싶은 장면이 있을까. 찬찬히 들여다볼 겨를도 없이 서글픈 빗소리가 엄마 방 창문을 두드렸다. 차곡차곡 담기는 것들과 조용히 남겨지는 것들 사이에 서서, 나는 어느 곳에도 앉지 못한 채 발끝만 분주히 움직였다.

주방에서 묵묵히 짐을 정리하는 엄마를 따라, 10년 묵은 김치

냉장고 뚜껑을 열었다. 엄마가 담근 각종 김치와 된장, 고추장을 꺼내는 나에게, 엄마는 담담히 말했다.

"그건 둬. 아빠도 당분간 먹어야지. 다 드시라고 그래."

그날 밤. 엄마의 월셋집에서 새로 산 4인용 식탁에 마주 앉아 미지근한 맥주 한 캔을 나눠 마셨다. 미뤄 둔 숙제를 끝낸 사람처럼 엄마의 표정은 평온해 보였다.

"가정법원 가니까 내가 제일 어린 거야. 지팡이 짚고 온 할머니, 할아버지들도 많더라니까. 나이도, 시간도, 마음 앞에서는 다 무력해. 몇 년을 더 살든 마음이라도 편하게 살아야지."

"그랬구나. 우리 엄마 젊은 나이에 이혼했네. 이혼 축하해."

"끝까지 잘 사는 모습을 보여야 했는데…. 사돈한테도 그렇고, 너랑 오빠한테도 미안하다."

"뭐가 미안해. 잘했어. 내가 어릴 때, 엄마가 참고 버텨 줬잖아. 내가 다 커서 앞가림도 하고, 엄마를 지킬 수 있을 때까지 기다려 줬잖아. 고마워. 고생했어, 엄마."

엄마와 아빠의 사랑은 그랬다. '결혼'이라는 하나의 차에 올라탔으나, 남은 시간을 함께 달릴 연료가 부족했다. 멈출 수도 뒤로 갈 수도 없기에 인생의 여정이 다할 때까지 천천히 눌러 두려던 마음이었다. 줄었다 채워지기를 반복하다가도 결국엔 방전된 마음을 참고 견디는 사랑이었다.

40여 년에 걸쳐 고민하고, 고민했던 엄마의 사랑도 그랬다. 책임감 또는 연민으로 버텨 왔던 사랑. 절대 떨어지지 않을 것 같던 사랑. 하지만 수차례 떨어졌다 붙었다 반복하며 거칠한 흔적이 가득한 강력 접착제 같은 관계. 자석처럼 쉽게 떨어졌다 다시 붙는 가벼운 마음이 아니었기에 사랑의 끝에도 수많은 다짐이 필요한 일이었다. 그렇기에 그녀의 이별은 진심으로 응원받아야 할 용기였다.

비록 엄마, 아빠의 사랑은 과거형으로 끝났지만, 그들의 치열했던 마음과 찬란했던 흔적들은 여전히 헤어지는 중이다. 수십 년을 함께 했던 취미, 운동, 똑같은 식성, 무엇보다 그들이 가장 사랑한 나와 오빠를 바라보며…. 길었던 사랑의 시간만큼, 서로의 흔적을 천천히 정리하며, 천천히 멀어지고 있다.

이혼 후 친할아버지가 돌아가셨던 날, 엄마는 소식을 듣고서 나와 오빠에게 여러 번 전화를 걸었다. 오랜 기간 할아버지를 미워했던 우리가, 혹여나 장례식장에 가지 않을까 봐. 엄마를 떠나보낸 아빠를, 우리가 계속 외면할까 봐. 정신없을 아빠를 옆에서 챙기라고, 문상 잘하고 오라며 신신당부를 하셨다. 몇 주 뒤, 그날의 심정을 이야기하는 엄마의 고백은 함께 마시던 커피의 온기만큼 적당히 따뜻했다. 기억나지 않는 꿈을 더듬어 이야기하듯, 뜨겁지도 차갑지도 않은 마음으로 말하는 덤덤한 엄마의 결론. 그 말이 내 마음에도 잔잔하게 남았다. 아빠가 잘 살았으면 좋겠다고. 그래도 잘 살았으면 좋겠다고.

야속하게 흐른 시간은 그들의 사랑을 게으르게 만들었지만, 이제야 부지런히 각자의 길을 걷는다. 엄마는 통기타를 연주하며 좋아하는 사랑 노래를 부르고, 아빠는 자신만의 레시피로 요리를 만든다. 홀로 선 황혼의 계절 속에서 각자의 방식으로 자신을 사랑하는 법을 배우고 있다.

이별이란, 사랑을 배우는 일일지도 모르겠다.

누군가를 떠난다는 건, 결국 자신에게 돌아간다는 말일지도 모르겠다.

2025년 7월, 그날처럼 여름비가 내린다.

경쾌한 휴대폰 메시지 알림음과 익숙한 두 글자 '엄마'. 그녀가 써 보내온 노란 일기장의 문장들이 내 마음을 한 번 더 노랗게 물들인다.

모니카,
나는 나를 사랑한다.

나는 내 인생을 믿는다.

내 가슴에 미움도 시기도 아닌, 사랑으로 가득하기를 바란다.

짝사랑 중임을 고백합니다

김인희

그를 만나러 가는 날.

예쁘게 차려입고 곱게 화장하며 하고 싶은 말들을 마음속으로 정리한다. 빨리 도착하고 싶은 조급한 마음과는 반대로 같이 듣던 음악들을 찾아 부르며 여유로운 운전을 한다. 빠르다, 급하다, 앞을 봐라. 그의 잔소리가 귀에 들리는 것 같아 애써 안전하게 엑셀을 밟는다.

처음엔 그 사람이 나에게 왔다.

금요일 퇴근길. 주말의 즐거움이 가득 찬 1호선을 뒤로하고 옛 청량리역에서 노랫말 그대로 덜컹거리는 경춘선으로 갈아타고 그렇게 매주 나에게 왔다. 버스 종점과 함께 있던 낡았던 남춘천역에 서서 남편을 기다렸다. 종점이었기에 버스를 타고 시내로 들어가는 조금 긴 시간에 손을 조물락거리며 일주일간의 이야기를 쫑알거렸다. 마치 매일 통화했던 것을 잊어버린 것 같았다. 주중의 시간은 그리 길었는데 주말 3일의 시간은 빠르게 지나갔다.

우리의 사랑은 어설펐지만 귀여웠다.

둘 다 갓 사회생활을 시작한 그때 사랑도 없어서 같이 키워나갔기에 우리의 처음은 무엇이나 어설펐다. 좋아하는 여자에게 어떻게 표현을 해야 할지 몰랐던 그는 나의 조그만 몸짓, 손짓에도 움찔했다. 리어카에서 본 양말이 귀엽다고 지나치듯 한 말에 온갖 종류로 10켤레나 사 왔다. 해맑은 순진한 표정의 그를 보며 먼저 살며시 손을 잡고 "오빠"라고 불러 주고는 빨개진 얼굴을 돌렸던 나였다.

그에게 춘천 가는 기차는 나에게 오는 길이었다.

알고 보니 102보충대의 기억으로 춘천 사는 소녀에 대한 "묘한 설렘이 있었다" 했다. 김민우의 "입영열차안에서"를 기억하며 나를 만나러 왔던 첫날 이후, 그의 흥얼거림은 "춘천 가는 기차"로 바뀌었다. 노랫말의 '나를 설레게 하네'라는 구절이 더 이상 설레지 않을 때쯤. 밀레니엄 전에 시작된 사랑이 2002년 열정의 월드컵까지 함께하며 서로가 익숙해질 때쯤. 결혼이라는 새로움을 맞이했다.

그와 결혼한 후 함께한 삶은 '나무 키우기'였다. 아니 그 사람이 나를 키워냈다.

남과 비교하며 부족함을 탓하고 매일 나를 깎아먹고 살던 나에게 그는 온전한 사랑을 주었다. 다른 사람과 나를 비교하지도 않았다. 모든 기준은 외부가 아닌 나라는 것을 알게 해 주었기에 나 자신을 사랑하는 사람으로 바뀌게 되었다. 자신을 가장 싫어하던 나를 나만의 꽃을 피우는 멋진 나무로 키워 주었다.

지금도 그의 "나 가꾸기"는 계속되고 있다.

그가 내게 남겨 준 것들을 내가 입고 먹으며 자라고 있다. 남편을 그리는 글을 쓰며 마음을 나누고 있다. 그를 애도하는 가운데 남을 위로하는 방법을 배운다. 본인의 투병과 나의 이야기를 쓴 전자책이 발행되었던 날. '작가님 등단을 축하합니다'라고 쓴 농협봉투에 금일봉을 받았다. 전자책을 인쇄해 머리맡에 두고 읽으며 자신의 감정을 옆에 빼곡히 써 두었던, 그리고 다음의 책을 기다리던 당신. 본인이 좋아하고 바랐던 나의 모습. 그 소원에 나를 일으켜 움직이고 있다.

그런 그를 만나러 가는 날이기에 평소보다 더 예쁘게 화장하고 신중하게 옷을 골라 입는다.

그리고 며칠 전 주문해 미리 활짝 피운 꽃을 들고 간다. 남편과의 연애가 다시 시작되었다. 매주 무궁화호를 타고 춘천으로 나를 보러 와 주던 남편. 그때의 설렘이 다시 피어났다. 보고 싶고, 빨리 도착하고 싶은 마음. 다시 사랑하고 있다. 아니, 짝사랑 중이다. 우리가 처음 만난 지 아직 10,000일도 되지 않았다. 처음 남편이 시한부 판정을 받았을 때 카카오톡의 D-day에 10,000일은 꼭 채우고 싶었다. '만 일'이라는 숫자가 날짜로는 얼마나 어려운지 이제 알았다.

아침 햇살이 방 안으로 스며드는 순간, 나는 여전히 무언가를 기다리고 있다.

아침마다 마시던 따뜻한 물 한 잔, 그리고 나지막한 인사. "잘 잤어? 오늘도 사랑해." 모두 사라졌지만 그 장면들은 여전히 내 마음 안에서 반복되어 남편을 계속 사랑할 수밖에 없다. 우리는 얼마나 많은 시간을 함께했는지 모를 정도였지만, 그 매일이 얼마나 소중했는지를 잊고 살았다. 늦잠을 자며 허둥대던 아침, 어깨를 토닥이던 말 없는 위로, 퇴근 후 나누던 아무렇지 않은 이야기들. 그 모든 것이 얼마나 따뜻한 기억이었는지 남편이 떠난 뒤에야 깨닫게 되었다.

지금은 혼자 아침을 맞고, 혼자 잠들고, 혼자 모든 계절을 통과하고 있다.

시간이 지나면 나아질 줄 알았지만, 어떤 날은 오히려 더 선명해진 그의 빈자리에 숨이 막힌다. 사진을 꺼내 보고, 음악을 듣고, 그럼에도 채워지지 않는 날에는 그를 생각하는 수밖에 없다. 그 모든 평범했던 날들이 지금의 나에겐 더 이상 오지 않을 눈부신 기적으로 남아 있어 사랑이 애달프다. 그러기에 지금 나의 사랑은 열렬한 짝사랑이다.

엄마가 사위가 보고 싶다고 하셔서 춘천에서 모시고 올라와 남편에게 다녀왔던 날.

주차장에서 하얀 나비를 보았다. 장례식 날에도 보았던 그 나비. 어쩌면 남편은 나비가 되어 훨훨 날고 있는지도 모르겠다. 남편의 무덤 위로 푸른 잔디가 건강하게 자라고 여치, 귀뚜라미, 방아깨비가 그 위를 부지런히 뛰어다니고 있었다. 햇살, 하늘, 바람, 나무, 풀, 들꽃. 그 모두가 남편을 닮았다. 짝사랑에 힘든 나와 다르게 남편은 자연 속에서 평화로워 보였다. 그래서 밉기도 하고 원망스러운 마음도 들었다.

남편을 짝사랑하기 시작한 그날로부터 100일째 날은 혼자서 남편을 찾아갔다.

그날이 되면 마음이 어떨지 몰라서 며칠 전부터 디데이를 확인하며 감정을 억눌러 왔다. 막상 가야 할 시간이 되어도 정말 가고 싶은 건지, 미루고 싶은 건지. 보기 싫은 건지, 귀찮은 건지. 스스로도 내 마음을 알 수 없어 주차장에 앉아 한참을 머물며 출발을 망설였다. 하지만 확실한 감정이 하나 있었다. 나는 여전히, 남편을 사랑하고 있다는 것.

노래를 듣는다.

김나영님의 [봄내음보다 너를]에 '나는 아직 너를 너를 그리워해'라는 한 구절만 들어도 나는 주르륵 눈물을 흘린다. 내 마음이 그렇다. 나는 여전히 당신을 그리워한다. 당신의 생명이 얼마 안 남았다는 것을 말할 수 없어 말 대신 눈물을 흘리던 나에게 화를 내며 나가라고 했던 그 순간이 반복적으로 떠오른다. 울지 말고 사랑한다 말해 줄 것을, 당신에게 나의 사랑을 열렬히 고백했어야 함을 후회하고 후회한다. 그러다 울기만 하고 주저앉아 있을 나를 향해 화를 낼 당신이 그려져 일어선다.

간혹 어두운 거실에 홀로 앉아 세상을 내다보면 삶에 자신이 없다.

그럴 때면 보이지 않는 남편을 향해 자신이 없다고 고백하고 나만 혼자 둔 것이 밉다고 내뱉는다. 그러다 끝까지 가지고 가지 못한 그의 삶에 대한 책임감에 정신을 차린다. 나를 향해 주어진 삶을 끝까지 완수하라고 말이다. 남편이 짧은 그 삶을 최선을 다해 살았던 것처럼 너도 남은 삶을 책임지라고 스스로에게 말한다.

이루어질 수 없는 짝사랑은 힘들다.

그런 아픈 짝사랑 속에 나는 욕심을 낸다. 그가 남긴 것들을 자양분으로 멋지게 크고 싶다. 아니 그건 남편이 남겨 준 숙제다. 숙제를 완벽히 이행하고 싶다. 그래서 다시 만났을 때 자랑하고 싶다. "당신이 남긴 사랑이 이렇게 큰 열매를 맺었다"고. 그러니 "잘 했다고 꼭 안아 달라"고.

오늘도 나는 당신을 향해 가고 있다.

그리고 고백한다.

당신을 여전히 사랑한다고.

나의 짝사랑은 현재 진행형이다.

사랑의 메신저

서윤하

삶은 알아차림입니다.

저는 뮤즈엘이라는 이름으로, 삶의 결을 글로 비추는 사람입니다. 일상의 평범한 장면들 속에서도 감정의 결을 바라보며 살아갑니다. 누군가는 스쳐 지나칠 감정에도 조용히 머물며, 그 안에 담긴 작은 진실과 의미를 알아차리며 글로 새깁니다.

세상의 소음보다 내면의 울림에 집중하며 살아가는 길. 고요한 성찰 속에서 피어나는 따뜻함은 삶을 견디게 하고, 또 살아가게 만드는 힘이 되었습니다. 저는 그 단단한 조용함을 글 속에 담아내고 싶었습니다. 그래서 제게 글쓰기는 단순한 표현이 아니라 기도이며 기억이고, 사랑의 언어입니다.

3년 전, 봄.
어둠이 비에 젖어 무겁게 내려앉은 새벽녘, 전화벨이 울렸습니다.

잠결에 받은 한 통의 전화,

"○○씨 보호자 되시죠?"

병원에서 신원을 확인하는 짧은 말 한마디가, 제 삶의 모든 것을 송두리째 흔들었습니다. 손에 쥔 휴대폰조차 덜덜 떨릴 만큼 온몸이 떨렸습니다. 곧이어 걸려 온 또 다른 전화에서는 엄마의 절규 섞인 울음소리가 들렸습니다.

"아니야, 아니야… 아무 일도 없을 거야. 엄마, 우리 침착해요." 영화 속 장면처럼 숨 막히는 상황이 이어졌고… 스스로를 다독이며 집을 나섰습니다.

병원으로 향하는 차 안, 그 앞을 달리던 트럭에서 뿌리째 뽑혀 실린 나무들을 보았습니다. '괜찮을 거야, 괜찮을 거야' 불길한 예감을 애써 떨쳐내며 주문처럼 되뇌었습니다.

하지만 도착한 곳은 응급실이 아닌, 영안실이었습니다. 하나뿐인 내 여동생… 제 삶의 가장 밝은 빛이었던 그녀는 영안실 차가운 바닥 위에 조용히 잠든듯 누워 있었습니다. 아무 말도, 아무 숨결도 없이. 그 순간 죽고 싶을 만큼 고통스러웠고, 슬퍼할 틈조차 없이 현실은 너무 빨리 흘러갔습니다. 그녀는 그렇게 허망하게 떠났습니다.

놀이터의 그네에 홀로 앉아, 작은 유골함을 품에 안고 소리 없이 흐느끼던 날. 모든 것이 무너진 듯한 공허함 속에 저는 오래도록 그네에 앉아 눈물로 머물렀습니다.

그때, 어디선가 나비 몇 마리가 조용히 날아와 한참이나 제 곁을 맴돌았습니다. 마치 이별을 배웅하듯, 따뜻한 비행 끝에 사라진… 나비들. 그 순간, 저는 모든 것을 잃었다고 느꼈습니다.
상실은 예고 없이 삶을 바꾸어 놓았습니다.

동생의 부재는 표현할 수 없는 공허함을 남겼고, 아버지 간병 중이던 제 삶의 시간은 그대로 멈추어 버렸습니다. 그리고 찾아온 3년간의 실어증. 사람들 속에 섞여 있었지만, 혼자 있는 것이 더 편안했던 시간들. 표현되지 못한 감정은 가슴 깊숙이 쌓여, 저조차 제 마음을 이해하기 어려운 날들이 이어졌습니다.

그러던 어느 날, 우연히 책을 읽고 다이어리에 글을 끄적이다가, 답답한 마음을 털어내기 위해 운동화를 신었습니다. 한강을 천천히 달리기 시작했습니다. 그 작은 시도, 달리기의 시작은 '내가 아직 살아 있구나' 하는 감각을 되살려 주었습니다. 그 날 이후, 저는 다시 달리고, 걷고, 글을 읽고, 펜을 들기 시작했습니다. 그렇게 저만의 글쓰기가 시작되었습니다. 남겨진 사랑으로, 아직 끝나지 않은 이야기를 써 내려가고 있습니다.

빛은 언제나 말없이 존재합니다. 말로 설명되지 않아도, 마음으로 전해지는 사랑은 가장 깊고 오래 남습니다. 저는 오늘도 조용한 사랑의 언어를 짓습니다. 누군가에게는 하루에 잔잔한 위로가 되기를 바라며, 스쳐 가는 감정 속에서 의미를 찾고 그 알아차림을 문장으로 전달합니다.

이제는 압니다.
상실은 끝이 아니라, 또 다른 사랑의 이름이라는 것을. 그래서 저는 오늘도 글을 씁니다. 사랑을 잃은 것이 아니라, 남겨진 사랑으로 살아갑니다. 말 한마디, 작은 몸짓, 스치는 향기에도 내면의 덕성을 담고 싶습니다. 슬픔 속에서도, 기쁨 속에서도, 세상을 향해 따뜻한 빛을 비추고 싶습니다.

글 쓰는 예술가 뮤즈엘.
삶과 사랑, 회복, 단절된 마음을 연결하는 치유의 언어를 쓰는 작가입니다. 5년 이내 기부와 나눔의 문화가 정착되고, 작가들이 빛을 발할 수 있는 장을 마련하는 문화후원자가 되기를 원합니다. 읽고, 쓰고, 달리며, 달리기를 막 시작하는 사람들에게 러닝이 주는 건강한 삶의 기쁨을 진심 어린 글로 전하고 싶습니다. 이 모든 여정은 저의 삶의 방향이자, 매일 새롭게 다짐하는 마음입니다.

저는 더 큰 사람이 되고자 합니다. 비교의 대상은 타인이 아니라, 늘 어제의 나 자신입니다. 경박하지 않은 당당함. 실력으로 마음을 이끄는 필력. 과시하지 않는 겸손함. 조금 더 따뜻하게, 조금 더 단단하게, 그리고 무엇보다 주체적인 삶을 지향하며 나 자신을 사랑하고 성장하고자 합니다. 그 길 위에서, 오늘도 저는 묵묵히, 멈추지 않고 달리고 있습니다.

나의 피로 적셔 써 내려간 이 서사 속에는 누군가는 겪지 않기를 바라는 고통과, 그 고통 너머에 존재하는 사랑의 빛이 함께 담겨 있습니다. 저는 세상에서 조용히 빛나는 후원자가 되기를 소망합니다. 신은 동생과의 이별을 통해 저에게 깊은 사랑의 깨달음을 주셨고, 간병 중인 제게 아버지, 가족과 함께할 수 있는 시간을 선물로 주셨습니다.

저는 그 충만한 은혜를 안고, 사랑과 감사함으로 살아갑니다.

내 삶은, 내면의 중심을 선함과 사랑에 두고 사람들을 응원하며 달리고, 글을 쓰는 이타의 삶입니다. 사람들을 후원하고 아이들의 든든한 후원자, 상생의 조력자로 살아가는 것, 그것이 제가 선택한 의미 있는 길이며, 가치 있는 여정입니다.

저는 제 최고의 모습을 기대하며, 당신의 최고의 모습 또한 기대합니다.

뮤즈엘은 사랑(Love), 빛(Light), 성찰(Lucidity), 생명(Life)의 영감을 품은 이름입니다.

그녀는 나의 뮤즈였고,
당신은 나의 뮤즈이며,
나는 이제 당신의 뮤즈입니다.

이 모든 여정의 순간마다, 제 마음은 더 큰 사랑과 감사함으로 채워집니다.

뮤즈엘은 사람들에게 이로운 가치를 전하며 글과 기부로 세상을 밝히는 삶을 살아가기 위한 이름입니다.

사랑이 깃든 글과 함께 하는 이야기.
그 서사를 지금 시작합니다.

23번째 심장이 멈추던 날

안진

　아빠의 면회 시간을 기다리며 병원 로비에서 커피를 마시고 있었다.
　"코드 블루! 코드 블루!"
　병원의 백색 소음쯤으로 여긴 그 소리.
　커피 향처럼 무심코 흘려 버린 그 방송이 아빠의 심장이 처음 멈춘 순간이었다는 걸, 그땐 알지 못했다.

　아빠의 수술은 아침 9시로 예정되어 있었다. 회색빛 하늘은 기분 나쁠 정도로 음침했고, 병원으로 가는 길은 출근 시간임에도 이상하리만큼 차가 없었다. 엄마와 나는 수술 2시간 전에 병원에 도착했지만 아빠를 만날 수는 없었다. 통합간호병동이라 면회 시간과 인원이 엄격하게 제한되어 있었기 때문이다.
　엄마는 병원에 도착했다고 아빠에게 문자를 보냈다. 얼마 지나지 않아 아빠에게 전화가 왔다.

"수술 시간이 좀 늦어질 것 같네. 밥이나 먹고 와."

본인도 12시간 넘게 금식 중이면서 행여 항암 치료 중인 엄마가 배를 곯을까 걱정부터 하는 아빠였다. 병원 앞 해장국집에서 아침을 먹고 있는데 다시 걸려 온 아빠의 전화.

"지금 수술 들어간대."

"대체 이게 무슨 소리야."

먹던 수저를 내려놓고 수술실로 달려갔다. 하지만 이미 수술 준비실로 들어간 아빠를 만날 순 없었다.

"1시간이면 끝나. 간단한 복강경 수술이니까. 끝나고 보면 되지 뭐."

엄마는 덤덤하게 말했지만 눈빛엔 불안감이 역력했다. 1시간 후 수술실 문이 열리며 아빠가 나왔다. 아직 마취에서 덜 깬 눈으로 우릴 본 아빠의 첫마디는 또 밥이었다.

"아빠는 괜찮아. 엄마랑 밥 먹고 집에 가 있으렴."

눈을 뜨자마자 엄마의 끼니부터 걱정하는 아빠. 병실로 가는 엘리베이터 앞에서도, 병실에 들어서기 직전까지도 아빠는 같은 말만 반복했다.

아빠는 부모의 사랑을 모르고 자랐다. 할아버지는 도박과 여자만을 사랑했고, 할머니는 그런 할아버지만 평생 바라보느라 자식은 뒷전이었다. 사랑을 받아 본 적 없으니 사랑을 주는 법도 모를 만한데 아빠는 받아 본 적 없는 그 사랑을 넘치게 줄 줄 아는 사람이었다.

아빠 인생의 1순위는 언제나 엄마였다. 회식 때 맛있게 먹은 초밥을 맛 보여 주고 싶어 포장해 오고, 너무 맛있다는 엄마의 말에 그 초밥집 근처를 지날 때마다 사 오곤 했다. 아이스크림을 사도 엄마가 좋아하는 것부터 제일 먼저 담았다. TV를 보다가 엄마가 '저기 좋다. 가 보고 싶다.' 하면 아빠는 바로 지도로 검색하고 여행 계획을 세웠다. 나중에 안 사실인데 아빠는 매일 밤, 꿈에서도 만나자며 엄마에게 굿나잇 키스를 해 주었다고 한다. 최수종에 버금가는 사랑꾼. 그 사람이 바로 우리 아빠였다.

엄마의 폐암 수술 후 간병도, 수술 후 항암 치료도, 암세포가 뇌에 전이되어 감마 나이프 시술을 받을 때도 아빠는 늘 엄마 옆에 있었다. 본인도 당뇨로 건강이 좋지 않음에도 좁디좁은 보호자 침대에서 쪽잠을 잤다. 혈당을 걱정해 평소 흰쌀밥이나 가공식품은 피하던 사람이 편의점 김밥으로 끼니를 때워 가며 엄마 곁을 지켰다.

물론 나와 동생도 더없이 큰 사랑을 받고 자랐다. 그럼에도 가끔은 질투가 났고, 한편으론 부러웠다. 나도 그런 사랑을 받고 싶다는 생각을 자주 했으니까. 나보다 하루 늦게 죽는 게 꿈이라는 사람을 만나 가정을 이룰 수 있었던 것은, 엄마에 대한 아빠의 사랑을 보며 자랐기 때문일 것이다.

내가 무심코 흘려보낸 코드 블루 방송에 엄마는 순간 가슴이 철렁 내려앉았다고 말했다. 슬픈 예감은 항상 틀리지 않는다고 했던가. 방송이 나오고 얼마 지나지 않아 엄마의 휴대폰이 울렸다. 통화 후 엄마는 생전 처음 보는 표정으로 나에게 무슨 말을 했는데 도통 어떤 말인지 알아들을 수가 없었다. 겨우 눈을 맞추고 물으니 "아빠한테 가야 해"라고 했다. "괜찮을 거야."라고 엄마를 다독여 병실로 올라갔다. 간호사는 현재 심폐소생술 중이니 중환자실로 먼저 가서 기다리라고 했다. 엄마는 '어떡해'라는 말만 되풀이하며 발만 동동 굴렀다.

엘리베이터를 기다리던 중 나는 아빠를 보았다. 아빠의 몸보다 더 큰 기계가 그의 가슴을 짓누르고 있었고, 팔다리는 맥없이 흔들리고 있었다. 얼굴은 노랗다 못해 누렇게 변해 있었다. 어릴 적 증조할머니 장례식에서 처음 본, 그래서 뇌리에 또렷이 남아 있는 죽음의 얼굴색이었다.

중환자실에서도 아빠의 상태는 나아지지 않았다. 의사는 심정지의 원인을 알려면 검사가 필요하지만 혈압이 매우 낮아 검사를 할 수 없다는 말만 반복했다.

  생과 사의 경계에서 아빠는 혼자 싸우고 있었다. 굳게 닫힌 철문처럼 두 눈은 뜨질 못했고, 미약한 숨은 기계에 의지하고 있었다. 하지만 심장만은 멈췄다 다시 뛰기를 반복했다. 의사는 30분, 20분, 10분, 5분 간격으로 심폐소생술 중이라는 말을 전했다. 아빠의 심장이 멈출 때마다 엄마의 울음소리는 더욱 커졌다. 자신의 애절함과 절박함이 그에게 닿을 수 있는 유일한 방법인 것처럼.

  아빠의 심장이 아직 뛰고 있을 때 아빠를 잠시 볼 수 있었다. 알 수 없는 기계들에 둘러싸여 있었지만 손은 여전히 따뜻했다. 면회 후 의사는 결정을 내려야 한다고 했다. 더 이상의 약물과 기계로는 의미가 없다고. 그 말을 들은 엄마의 절규는 아직도 귀에 생생하다. 삶의 이유를 잃은 사람이 내지르는 절망의 소리였다.

  그 후 아빠의 심장은 3분 간격으로 멈췄다. 의사는 재촉하지 않았지만 아빠의 갈비뼈가 이미 온전치 않다고 했다. 아빠의 몸이 더 부서지지 않길 바랐던 우리는 다음 심정지가 오면 심폐소생술을 포기한다는 서류에 결국 서명했다.

2024년 2월 14일 21시 20분.

아빠는 우리 곁을 떠났다.

코드 블루 방송이 나온 후 5시간여가 흐른 뒤였다.

23.

아빠의 의료기록지에 적힌 숫자.

23은 아빠의 심폐소생술 시행 횟수이자 삶을, 아니 사랑을 놓지 않으려는 강력한 의지가 담긴 숫자다. 23번의 간절함. 아빠는 돌아오려고 했다. 사랑하는 엄마를 놓지 않으려고 했다.

아빠가 떠난 후 엄마의 눈은 초점 없이 공허하다. 살아야 할 이유가 사라진 사람의 눈빛. 엄마는 하루를 살아가는 것이 아니라 지나간 날짜를 달력에서 지우듯 살아내고 있다. 마치 아빠와 다시 만나기 위해 남아 있는 생을 하루라도 빨리 살아서 없애려는 듯.

나는 무엇을 해도 아빠의 빈자리를 채울 수 없다. 섣부른 위로도 할 수 없다. 삶의 동반자를 잃은 슬픔은 부모를 잃은 나의 슬픔과는 또 다른, 감히 알 수 없는 깊이의 슬픔일 테니까.

엄마는 아빠의 그 어떤 것도 지우고 싶지 않다고 했다. 여름이 되면 여름옷을 꺼내 놓고, 겨울이 되면 겨울옷을 꺼내 놓았다. 현관 앞 엄마의 운동화 옆엔 여전히 아빠의 검정 운동화가 놓여 있다. 아빠가 매일 먹던 약봉투들도 그대로다. 엄마는 아빠가 자주 사용한 손수건, 베개의 커버 등 아빠의 채취가 진하게 남아 있는 것들을 지퍼백에 넣어 침대 머리맡에 두었다. 향이 옅어질까 자주 열어 보지도 못한다며, 참을 수 없이 보고 싶을 때 한 번씩 열어 본다고 했다.

모든 건 그대로인데 아빠만 없는 집. 사랑의 온기로 따뜻하기만 했던 그곳이 지금은 슬픔의 그림자가 짙게 깔린, 공기조차 시린 공간이 되어 버렸다.

아빠가 마지막 순간까지 놓지 않았던 사랑. 엄마는 그 사랑을 안고 하루하루를 버텨 내고 있다. 딸인 나는, 할 수만 있다면 엄마와의 이별은 한없이 늦추고 싶다. 하지만 그 사랑을 가장 가까이에서 지켜본 사람으로서, 나는 소망한다. 아빠를 만나러 가는 그날까지, 엄마가 더는 아프지 않기를. 아빠가 23번이나 그랬듯이, 사랑을 먼저 놓지 않기를.

그 자리에, 사랑은 꽃으로 핀다

도아J

너 떠난 뒤,
그 자리는 비었지만
나는 그곳에 조용히 기도의 꽃을 심는다.
시간이 지나도 시들지 않는 기억은,
너로 아름답게 피어난 하루를 감싼다.
이 글은 사라진 너를 그리는 마음이며,
살아 있는 나의 사랑의 기록이다.
너의 흔적이 닿았던 모든 순간들이
지금도 마음속에 꽃처럼 피고 있다.
끝이 아닌 또 다른 시작이다.
그리움은 더 짙은 사랑이 되었다.

초여름 햇살이 창문을 두드리던 6월이었지.
오랜 진통 끝에 또랑또랑한 네 울음소리를 들었어. 초롱초롱

한 눈, 오뚝한 콧날, 입술은 앵두처럼 도톰하고 발그레했어. 그 조그만 입으로 처음 내 품에 안겼을 때, 너는 내게 또 하나의 빛나는 존재가 되었지.

네가 처음 찾아온 그날. 세상은 초록으로 빛났고, 내 마음엔 봄과 여름이 동시에 피어났어. 너는 6월의 사랑이었지.

첫걸음마를 하던 날, 서너 걸음 발을 떼곤 넘어졌는데 얼굴만 찡그리고 울지는 않았어. 오히려 네 언니가 너의 무릎을 호호 불며 어쩔 줄 몰라 했지. 아장아장 걷기 시작하자 잠시도 가만히 있지 않았어. 여기저기 졸랑졸랑 돌아다녔지. 말끝마다 "이게 뭐야?"였고, 가족들은 널 '호기심 천사'라고 불렀어.

글자를 배우며 '엄마'를 또박또박 써서 자랑스레 보여 주던 작은 손. 유치원 발표회 때는 낭랑하게 동시를 낭송하고 박수갈채를 받았지. 유치원 친구들과 함께 처음 집을 떠난 곳에서 은빛 우주복을 입고 찍은 사진 한 장. 그 밤에 두 손 V자를 만들며 더없이 해맑게 웃던 모습.

"엄마, 엄마. 나 우주 소녀야! 찌르찌리릭!" 머리에 썼던 빨간 별 두 개로 우주인과 소통한다고 신나게 조잘댔지.

너는 한동안 그 별 머리띠를 쓰고 우주를 누빌 듯이 돌아다녔어.

초등학교 운동회 날, 흙먼지투성이로 달려와서는 "엄마, 나 봤어? 잘했지?"라고 외치던 상기된 표정.

개구쟁이 남동생이 떠들면, 엄마 글 쓴다고 조용히 방문을 닫아 주던 너.

중학교 때는 아나운서를 꿈꾸며 곱게 목소리를 다듬어 말하곤 했어. 사춘기의 미묘한 눈빛과 서툰 반항 없이 그 시기를 잘 보냈어. 고등학교에 들어가서는 성적과 성격이 다 좋아 활기찬 생활을 했지. 대학 생활도 장학금을 받으며 즐겁게 마쳤어. 너는 말썽 한 번 안 부리고, 반듯하게 잘 자랐어.

나는 네 책상 한쪽에 쌓여 가는 상장들을 보며 미소 짓곤 했지.

손 솜씨가 좋은 너는 머리를 잘 땋았어. 탱글탱글하게 땋아서 여러 모양을 냈지. 네가 딸처럼 예뻐하던 조카의 머리도 종종 땋아 주곤 했어. 초등학교 때부터 뒷자리에 앉았던, 키 크고 서글서글했던 여학생. 그게 너였어.

신의 직장이라는 곳에서 일하며 힘들어도, "엄마, 괜찮아."라고 했던 네 목소리는 지금도 귓가에 맴돌아.

그리고 35세…

병실 창틈으로 네가 제일 좋아했던 꽃, 라일락 향기가 스며들던 날 너는 조용히 눈을 감았어.

침대에 누워 마지막인지도 모르고 두 팔을 벌려 나를 안고는, "엄마, 사랑해" 하며 가만히 속삭였지.

나도 그때가 마지막이 될 거라곤 상상조차 못 했어. 그렇게 끝이 다가오는 줄도 모르고, 나는 너를 보냈어.

아직도 낯선 동네의 들머리에 선 듯, 너의 부재는 낯설고 어색해.

네 이야기에는 수많은 별빛이 부서지지. 나의 애통함과 비애가 빗물처럼 흘러.

내가 갑작스레 장폐색으로 일주일 동안 병원에 입원했을 때, 친구가 그러더라. 오죽 애를 끓였으면 장이 다 꼬였겠냐고…

병실에 있으면서, 선바람으로 나선 채 일주일간 병원에 누워 있다가 홀연히 떠난 널 생각하며 많이도 울었어. 널 위해 내가 해 줄 수 있는 것이 없어서 서글펐고, 전혀 예측하지 못한 상황 속에서 미숙하고 미흡했던 시간들이 서러웠어. 그렇게 널 보낸 것이 전부 다 설움덩이였지.

시나브로 라일락 꽃잎이 떨어지듯, 그렇게 너는 떠났어…

어느덧 3년.

이제 나는 너 없는 하루하루를 기억의 끈으로 엮곤 해. 네 바람대로 자주 웃으려고 애쓰지만, 마음까지 잘 웃어지진 않아.

문득문득 네 생각이 나면 그 자리에 멈춰서 하늘을 봐. 거기 네가 말갛게 웃고 있어.

좀 더 자주 볼걸,

좀 더 안아 줄걸,

좀 더 잘해 줄걸…

속절없이 밀려오는 후회와 아쉬움이 수시로 가슴을 치곤 해.

어느 날, 가로수 사잇길로 한 여자의 뒷모습이 보였어. 긴 머리에 늘씬한 키, 가슴은 두방망이질했지. 잰걸음으로 그 뒤를 따랐어. 그리고 건널목에서야 걸음을 멈추고 우두커니 서 있었어. 네가 아니야…

하늘이 새통맞게 푸르던 그날, 네 언니는 어떤 하늘 사진을 찍었을까!

내 앞에서 눈물을 감추고, 네 몫까지 하려 애쓰는 모습이 때론 더 애처로워 짐짓 모른 체해.

너 떠난 뒤, 네 언니는 너와 함께 할 수 있는 무언가를 찾았어. 하늘 사진!

네가 있는 그곳과 우리가 머무는 이곳을 이어 주는 하늘.

네 언니는 하늘 사진을 찍기 시작했지. 둘이 함께 맞볼 수 있는 하늘을 눈으로, 가슴으로 담았어. 나름대로 보듬기를 한 거야. 하늘 사진에는 흐린 날과 맑은 날, 눈 내리는 날과 비 오는 날, 꽃이 피고 지는 날들이 어우러져 있지.

　사랑하는 사람은 보이지 않아도 보여. 마음의 사진으로 깊이 새겨지지.

　해마다 생일이면, '엄마, 낳아 주셔서 고맙습니다!' 정겨운 문자를 보냈던 너.

　마음씨, 말씨, 솜씨가 좋았던 너… 너의 맑고 밝은 웃음소리가, 그리워.

　봄 햇살이 따스한 오후,

　겨울옷을 정리하다가 낯익지만 낯선 스웨터를 발견했어. 환절기가 되면 계절 따라 가족들의 옷을 정리했지. 윤이 옷, 정이 옷, 진이 옷… 각자의 서랍에 옷을 챙겨 넣으며 살며시 어깨 토닥거리듯 옷들을 쓰다듬곤 했어.

　그런데 이제 이 스웨터는 이름을 불러 줄 주인이 없어.

　함박눈 내리던 날, 이 스웨터를 입고 환히 웃으며 외출했던 너. 기분이 좋으면 덩달아 목소리도 높고 푸르렀던 너.

　스웨터는 어깨를 늘어뜨리고, 먼산바라기를 하고 있어. 잊은 듯, 잃은 듯…

너를 안았던 날부터, 그리워하는 오늘까지 나는 여전히 너를 사랑해. 단 한 번도 너를 떠나보낸 적이 없어. 사람들은 시간이 지나면 괜찮아질 거라지만, 그건 아니야. 너 없는 시간에 익숙해질 뿐, 결코 괜찮아지진 않아. 계절이 바뀌어도, 시간이 흘러가도, 너는 그대로 내 안에 살아.

너와 나눈 수많은 순간들이, 사계절 꽃처럼 계속 피어나. 너의 웃음은 봄빛으로, 너의 눈물은 아픔으로, 너의 말 한마디 한마디가 내 삶의 별처럼 남아 있어. 기억은 피고 다시 피어나고, 너는 그 향기로 내 하루를 다독거려.

보고 싶은 마리따!
이 글을 쓰는 동안, 더 가까이 곁에 있어 줘서 고마워.
사랑한다, 내 딸!

결국 사랑은 시간이었다

김명주

글을 쓰기 전, '사랑'이라는 단어를 들으면 떠오르는 몇 가지 잔상 같은 기억들이 있었다.
지금은 추억으로 남은 옛 사랑들, 혹은 부모님. 아마도 그 정도였던 것 같다.

분명 사랑이라는 말을 입에 담는 게 어색하지 않던 시절이 있었다. 그땐 사랑이란 단어에 이유나 조건이 필요하지 않았다. 그저 좋아하는 감정 하나만으로도 충분했고, 심장이 빠르게 뛰는 순간이면 그것이 곧 사랑이라고 믿었다.

지금 와서 생각해 보면 조금 창피하기도 하지만, 아마도 격정 같기도 했다. 심장이 빨리 뛰던 순간, 쏟아지는 눈빛, 잠 못 들게 하는 말들. 나에겐 분명 그런 것들이 사랑이었고, 그것만 있으면 충분하다고 믿었던 시절이 꽤나 길었다.

그래서일까. 나는 아직도 '사랑'이라는 단어와 함께 문득 떠오르는 오래된 기억들을 선명하게 간직하고 있다.

교복을 입던 시절, 수업 시간 내내 맨 뒷자리에 앉아 첫사랑과 손을 맞잡고 있던 그 시간은 손바닥에 땀이 차오르는 것도 모른 채 이 순간이 영원히 이어지길 바랐었다. 당연히 그 순간은 영원하지 않았다.

대학 시절 차가운 겨울바람을 맞으며 캠퍼스를 거닐던 어느 날, 함께 있던 선배의 가슴팍에서 움직임마다 비닐 소리가 났다. 그리고 그 품 안에서 나온 건 예쁘게 포장된 게 무색하리만큼 구겨진 어설픈 장미 한 송이였다. 그렇게 풋풋하고 서투르게 시작된 사랑 역시 아프게 끝이 났다.

어른이 되고 나서도 비슷하게 기억에 남는 순간이 몇 있다. 헤어지기 싫어서 늘 집 앞에서 걸음을 멈추었던 밤들, 사랑엔 자존심이 없다며 모든 걸 내려놓았던 순간들. 눈물로 뒤섞인 말들 사이에서 "사랑해"라는 말만은 절대로 놓치고 싶지 않았던 그때의 나는 창피하리만큼 미숙하고 순수했다.

지난날 나에게 사랑은 분명 '그 사람'이었다. 그 사람의 말투, 표정, 답장의 시간, 사소한 애정의 표현. 그 모든 것들이 내 하루의 온도를 결정했고, 그 온도에 따라 웃기도, 울기도 했다.

시간이 흐르며 내가 느끼는 사랑은 점점 모양을 바꿔 갔다. 이름조차 희미해진 사람도 있지만, 그들과 함께했던 '시간'만큼은 또렷이 남아 있다. 사람을 잊었지만, 시간을 잊지는 못했다. 학창 시절 '첫사랑'이라는 감정을 처음 심어 준 그 찰나의 기억, 구겨진 장미를 가슴에 안고 캠퍼스를 서성이던 밤, 그 시간들은 아직도 내 안에 고요하게 머물러 있다.

그렇게 나에게 사랑은 점점 격정에서 안정으로, 소유에서 존중으로, 확신에서 이해로 천천히 바뀌기 시작했다.

아, 생각해 보니 이런 날도 있었다. 세상 딸바보인 아빠가 사고뭉치였던 나로 인해 길가에 차를 세우고 가슴을 치고 울었다는 이야기를 들었던 날. 그날은 아마 나 또한 살면서 가장 많이 울었던 날이다. 그 사랑은 시간이 지나고 나서야 비로소 보이기 시작했다. 말보다 눈물로 먼저 닿았던 그 사랑은, 지금 내 안에 '누군가의 자랑이 되고 싶다'는 마음을 심어 주었다.

이런 나에게 최근에 가장 기억에 남는 사랑을 꼽으라면, 1년 반 전 퇴사를 결심하고 직장 동료들을 마주했던 시간이다.

그게 왜 사랑이냐고? 종류만 달랐지, 사랑임이 분명했다. 매일 아침 향이 좋은 커피를 서로에게 내려 주며 이번 달도 잘해 보자고 마음을 맞추던 시간들, 퇴사 소식을 알고 눈동자만 마주치면 눈물을 글썽이던 얼굴들. 따뜻하고, 다정했던 더없이 애정 어린 사랑이었다.

그래서 지금의 나에게 '사랑'은 결국 시간이 만들어 준 가장 소중한 감정이다. 머리가 아플 만큼 사랑의 종류는 무궁무진했다. 무지했던 나에게 모양 없는 말들 속에 숨어 있던 사랑들이 이제는 조금씩 보이기 시작하는 것 같다.

더는 뜨거운 사랑만이 사랑이 아니라는 걸 알아 버렸다.
반드시 붙잡아야만 성립되는 감정이 아님을 알아 버렸다.

이 글을 쓰며 매 순간 스스로를 향해 질문했다. 사랑이 뭐냐고. 세상에 존재하는 다양한 사랑들, 그 순간엔 미처 알지 못했던 방식으로 사랑은 늘 그 자리에 있었다. 그래서 나에게 사랑은 '시간'이다. 함께한 시간, 지나온 시간, 놓아준 시간. 그 모든 것들이 내게 사랑을 가르쳤다.

이제 사랑을 말할 때 사람보다 시간을, 기억보다 순간을 먼저 떠올린다. 그렇게 지나간 사랑의 시간들은 내 안에 말없이 오래도록 남았다. 그리고 그 시간을 기억하는 내 마음이 지금의 나를 있게 만들었다.

사랑은 대단하면서도 대단하지 않다. 오히려 그 말을 입 밖으로 내뱉고, 표현하고, 묵묵히 지켜 내는 일이 가장 어렵고도 위대한 일이라는 걸, 이제야 조금 알 것 같다.

눈부신 고백이나 영화 같은 장면보다 마주 앉아 밥을 먹고, 안부를 묻고, 무심한 말투에도 마음을 읽어내는 일. 그 평범함을 오래도록 함께 견뎌 주는 일이야말로 사랑의 진짜 얼굴이었다.

그래서 난 앞으로도 나에게 이런 질문을 할 것이다.
"그 사람을 얼마나 사랑했어?"보다는, "그 사람과 얼마나 행복한 시간을 보냈어?"라고 말이다.

흘러가는 모든 시간이 사랑이기를. 그 시간이 영원하지 않음을 알기에 더욱 더 소중히 여기기를. 종류조차 없지만 세상에서 가장 분명한 감정. 딱히 이름을 붙이지 않아도, 증명되는 마음.

어떤 사랑은 다정했고, 어떤 사랑은 아팠으며 어떤 사랑은 잠시 머물다 갔다. 그럼에도 불구하고, 그 시간들은 모두 내 안에 겹겹이 쌓인 층처럼 남아 있다.

다 잊었다고 생각한 사람이 어느 날 문득 스치는 봄바람에 기억나듯이, 유난히 따스하게 다가오는 순간이 있다는 것, 그게 바로 사랑이 지나간 자리에 남은 잔향이 아닐까.

그래서 우리는 사랑을 해야 하나 보다. 지금의 내가 조금 더 행복하기 위해서. 그 순간의 내가 진심이었음을, 세월이 흐른 후에도 흔들림 없이 말할 수 있도록.

미치도록 사랑했던 순간도 사랑이고, 생각지도 못했던 순간도 사랑이었다. 그래서 나에게 사랑은, 결국 시간이었다. 그리고 그 시간을 견뎌 낸 우리가, 곧 사랑이었다.

바람에 흩어지지 않는 것

신선경

라디오에서 우연히 나오는 음악에 위로받을 때가 있다. 자연이 연주하는 멜로디도 좋아하지만, 노래가 없었다면 지금만큼 운전을 즐겨 하지 않았을 것 같다. 그리고 그 선율에 울먹거리는 순간이 나이만큼 늘어 간다.

가족, 나의 세상 전부라고 해도 부족할 만한 존재가 형체 없이 커진다.

통통한 적 없는 우리 네 식구 앞에 놓인 치킨은 언제나 한 마리였다. 아빠는 날개를 좋아하셨고, 다리는 동생 손에, 나는 기름기 없는 퍽퍽한 살을 쉽게 선점했다. 삐쩍 마른 모가지나 살이 없는 조각을 먼저 먹던 엄마. 한 마리를 시켜도 남은 적이 많은데 왜 엄마는 모가지부터 먹었을까?

엄마가 그랬듯이 아빠도 값지고 맛있는 것은 가족들에게 먼저 주셨다. 당신은 식탐을 부리신 적도, 배가 나온 적도 없었다. 아빠에게 배운 것은 욕심을 버리는 것 외에도 인사와 도리였다. 어린 시절엔 지금처럼 외향적이거나 살가운 성격이 아니었는데, 동네 어른을 만나면 또박또박 큰 소리로 인사해야 했다. 쑥스러워도 그땐 아빠가 무서울 나이였기에 따랐고, 머지않아 누구보다 인사를 잘하는 어린이가 되었다. 학창 시절에 선생님과 선배들이랑 사이가 좋았던 것은 아빠의 단호한 가르침 덕분이었다.

"딸, 남의 집에 갈 때는 귤 한 봉지라도 사서 가야 하는 거야."

주는 기쁨이 크다는 걸 경험해 본 사람은 다 안다. 그러나 내 형편이 어려울 땐 약소하게 표시할 수밖에 없다. 당연한 건데 아빠는 지갑이 두둑하지 못하면 모임 자리에 가지 않으신다. 기본 도리를 하고 사는데도 가족들에게 용돈을 넉넉히 주지 못하는 마음이 불편해 엄마만 보내시곤 한다. 어리석게 보일 수도 있고 누군가는 서운해하겠지만, 우리 아빠는 앞으로도 그러실 것 같다.

남을 잘 챙기길 타고난 아빠는 8남매의 일곱째 막내아들이다. 엄한 형님과 바지런한 누님들 사이에서 배고프지 않게 자라셨다. 자식들 걱정뿐이던 할머니는 팔순을 넘기고 돌아가셨고, 다정했던 할아버지는 그보다 먼저 세상을 떠나셨다. 내 나이 열여섯이나 열일곱이었던 것 같다. 40인승 버스가 한 사람의 후손들을 태우고 할아버지 고향으로 흘러갔다. 창밖의 빗줄기를 이불 삼아 모두가 눈을 감았다. 한숨을 머금은 구름이 바람조차 숨죽이게 한 날이었다. 몇 시간 후, 서두를 것 없지만 굼뜨지도 않게 일회용 우의를 입으며 버스에서 내렸다. 질퍽한 진흙 길을 오르자 후끈한 공기가 피부에 덕지덕지 붙었다. 비쯤은 겁낼 게 아니었고 그 정도는 맞는 게 덜 답답해 축축한 비닐을 벗어 던졌다. 발을 옮길 때마다 까슬한 풀들이 검은색 옷자락과 다리 사이로 스쳤다.

언덕배기에서 어른 아이 할 것 없이 모두 두 손을 모았다. 사촌과 나는 특별히 할 일이 없어 슬픔을 덮은 봉우리들을 두리번거렸다. 어른들과 사촌 오빠들이 막바지 정리를 시작할 때, 저 아래에서 인기척이 들렸다. 길도 아닌 곳에서 누군가 엉금엉금 기어 올라오고 있었다. 자욱한 안개 틈으로 두 사람이 보였다. 부축하는 쪽은 할머니의 여덟째 막내딸이었고, 나머지 한 명은 그 위의 막내아들, 아빠였다. 술에 취해 버스에서 그대로 잠들어 있는 아빠를 고모가 깨워 오셨던 거다. 그 순간 우리들 고개는 그곳과 다른 곳으로 흩어지며 마른 두 눈이 다시 빗물과 섞였다. 두 팔로 바닥을 짚으며 온몸이 흔들리던 당신. 그 설움이 오랜 뒤의 내 모습을 대변하는 것 같았다.

그전에는 아빠가 우는 모습을 본 적이 없었다. 드라마에서 슬픈 장면이 나와도 내 얼굴이 정신없어 당신의 감정을 눈치채지 못했다. 그러던 어느 날이었다. 두 뼘도 안 될 강아지를 아빠가 품에 안고 들어오셨다. 하얗고 부드러운 털에 콕 박힌 바둑알 눈이 우리 식구들 마음을 홀렸다. 내가 이름을 지어 주었고, 산책은 주로 아빠나 동생이 번갈아 가며 앞산으로 다녀왔다. 커 가던 모습은 기억나지 않는다. 현관문을 열면 뒤뚱거리며 나를 반기던 조그만 게, 어느새 바닥의 신발을 죄다 뭉개고 스타킹 신은 다리를 할퀴며 반듯한 교복을 구겼다. 좁은 반지하에서 호랑이처럼 커 버린 '백두'는 다시 시골로 돌려보내야 했다. 10대 소녀의 의사가 반영된 결정이었다. 그날도 별말 없이 술잔을 드셨던 아빠의 눈가엔 무언가가 맺혔었다. 알코올에 눈이 충혈되었던 걸 내가 착각한 걸지도 모르겠다. 당신 얼굴에 흐르는 건 없었지만, 백두 발톱보다 날카로운 게 내 가슴으로 떨어졌다.

아빠는 무수한 이별을 겪으셨다. 그럼에도 가족과 시간을 보내는 것에는 후하지 않으시다. 아내와 자식들에게 나누지 못할 속 이야기가 있는 걸까? 걱정할까 봐, 신경 쓸까 봐, 상관없는 사람들과 오가는 말이 편하신지도 모르겠다. 몇 년 전부터는 다 같이 모이는 자리에서 한결같은 소원을 말씀하신다.

"딸! 사위 시간 날 때 오토바이 좀 알아봐 달라고 해."

마른 낙엽을 바람에 날려 버리고 싶으신가 보다. 아니면 남자의 낭만이거나. 아빠 서른 살쯤에 폼 나는 빨간색 바이크가 있었다. 어린 내가 봐도 지구방위대 후뢰시맨보다 훨씬 멋있었다. 젊은 아빠는 거기에 딸과 아들을 태우고 자랑스럽게 온 동네를 다니셨을 거다. 꼬마들은 무럭무럭 자라서 그때의 아빠 나이를 한참 넘겼다. 엄마도 분명 탈 마음이 없다고 했다. 그런데도 최근에 관련 면허를 한 번에 따 두신 걸 보고 걱정이 앞섰다. 소원인 오토바이를 사지 못하면 한이 되실까, 아니면 내가 후회할까. 동의하기 어려운 의사에 한숨이 푹푹 나와도, 아빠의 부재에 대한 두려움 앞에서는 모두 부질없게 느껴진다.

인복이 많은 것은 부모의 덕이라는 말이 있다. 10대 때 어디선가 그 말을 들은 후부터 아빠의 행동이 덜 미워졌다. 지금까지 내 곁에는 좋은 사람들이 함께했고, 앞으로도 그럴 거라는 건 의심할 여지가 없다. 아빠가 엄마를 고생시킨 기억보다 할아버지의 장례식장이 더 베이는 아픔인 걸 보면, 인복 외에도 부모님께 귀한 걸 물려받았다.

   공부해야 하는 이유보다, 상대에게 다 퍼 주는 미련함을 알려 준 아빠.
   부자 되는 법이 아닌, 세상 가장 큰 자신감을 심어 준 응원단장 아빠.
   당신보다 나를 더 귀하게 여긴다는 걸 의심 한 번 않게 하신, 우리 아빠.

   성적이나 결과와 무관하게 당신은 무조건 내 편이었다. 나도 그런 딸이 되어야 하는데, 위한다고 한 행동이 당신을 아프게 했을지도 모르겠다. 아직도 늦은 저녁 휴대폰에 아빠의 이름이 뜨면 긴장하지만 정 많고 속이 보이는 아빠가 좋다. 아빠에게 글로 고백한 게 언제려나. 20대까진 때마다 편지를 써 드렸었는데, 기억을 더듬어 봐도 영 떠오르지 않는다. 보고 싶을 때 보고 싶다고 말할 수 있고 당장 만날 수 있는 고마운 아빠를 위해, 여기 사랑의 흔적을 남긴다. 표현을 마음껏 못 했다며 어리석게 굴지 않도록.

  가족 앞에서는 내 목숨이 하루살이보다 더 보잘것없다. 잘난 부모 자식이라서가 아니라, 서로의 부족함을 감싸 주는 우리 가족이 사랑을 말한다.
  아빠 때문에 살 수 없을 것 같았던 엄마도 사랑으로 살고, 엄마 없이는 살기 힘들 아빠도 사랑 덕분에 사신다. 그리고 두 분의 삶을 보며 후회가 얼마나 서러운 것인지도 알았다.
  인내로 가정의 평안을 지키는 엄마, 무조건적 사랑을 보여 준 아빠. 당신들의 삶이 내게 가득 흐른다.

  사랑은 때로 후회는 남길지언정
  모진 비바람에도 흩어지지 않는다.

그날의 시처럼, 지금도

김홍례

　복사꽃이 봄을 온몸으로 터뜨리던 날이었다. 연분홍빛 바람이 교정을 흔들던 그 아침, 꽃잎처럼 수줍은 손으로 그가 하얀 종이 한 장을 내밀었다. 꽃봉오리처럼 곱게 접힌 그 속엔 또박또박 눌러쓴 시 한 편이 숨을 죽이고 있었다. 얼떨결에 받아 든 편지를 읽을 겨를도 없이 수업은 시작되었고, 나는 아무 일도 없었다는 듯, 그것을 책상 서랍 속으로 밀어 넣었다. 그의 마음을 들여다볼 새도 없이 숨기듯 감춰 버렸다.
　우린 가깝지도 멀지도 않은 사이였다. 몇 차례 밥을 먹은 적은 있었지만, 그것도 늘 여럿이 함께였고, 그저 같은 교실에서 같은 강의를 듣는 선후배 사이, 그 이상도 이하도 아니었다. 그는 구레나룻 짙은 얼굴에 깊고 반짝이는 눈을 가졌다. 언뜻 보면 무뚝뚝해 보였지만, 말없이 바라보는 눈빛은 이상하리만큼 사람을 끌어당겼다. 앞자리에 앉아 열심히 필기하며 강의를 듣던 그는 반듯한 외모에 성실함까지 갖추고 있었다. 학부생이면서 교수님 연구실에서 함께 연구할 정도로 공부도 열심이었다. 후배들에겐 '멋있는 선배', '밥 잘 사 주는 선배'로 통했고 말없이 스쳐 지나가도 괜히 눈길이 가는 그런 사람이었다. 그를 좋아하는 여자들도 적지 않았다. 나도 그에게 관심은 있었지만, 감히 마음을 내보일 용기는 없었다. 날씬하고 예쁜 여자들 사이에서 나는 초라하고 보잘것없었기에 더더욱 내 감정을 숨겼다. 그의 눈에 내가 들어올 리 없다고, 나는 스스로 단정 지어 버렸다. 그렇게, 내 감정도 함께 숨겨졌다. 봄날 복사꽃처럼 피기도 전에.

그런 그가 뜻밖에도 내게 편지를 보내오기 시작했다. 날씨 이야기, 수업 내용, 도서관을 오가며 느낀 감정들, 특별한 것 없는 일상들이었다. 처음에는 무심한 척 읽고 넘겼다. 괜히 마음을 들킨 것 같아 쑥스러웠고, 누군가 내 마음을 들여다보는 일이 아직은 서툴고 어색했다. 하지만 그의 문장은 정갈했고, 하루를 성실히 살아 내는 사람의 온기가 묻어 있었다. 매번 정성껏 눌러쓴 문장 속에서 그의 마음이 조금씩 다가왔다. 처음엔 낯설었고, 때로는 민망하기도 했지만, 어느새 그의 하루가 궁금해졌고, 그의 편지가 기다려졌다. 그렇게 조용히, 아주 천천히 내 마음도 그를 향해 움직이고 있었다. 그의 부드러운 눈빛과 따뜻한 목소리가 어느새 내 하루의 시작이 되었다. 봄날 꽃잎처럼 사르르 피어나는 감정이 점점 더 선명해졌다.

그러던 어느 날, 아무 예고도 없이 그가 내 앞에 나타났다. 그러고는 단 한 마디로, 머뭇거리던 내 마음에 확신의 불씨를 놓아 버렸다.

"오늘부터 너의 미스터 X가 될 거야."

어이없을 정도로 갑작스러웠지만, 가슴이 먼저 반응했다. 그 순간 나는 아무런 의심도 없이 마음을 내주고 말았다. 무장해제. 정확히 그랬다. 가슴 깊숙이 단단히 숨겨 둔 마음의 빗장을 순식간에 풀어 버렸다.

그날 이후, 그는 매일 편지를 보내왔다. 계절이 바뀌는 소리, 캠퍼스에 부는 바람의 냄새, 하숙집 밥상 이야기까지. 거창한 말은 없었지만, 평범한 하루 속에 나를 향한 그의 진심이 정성스럽게 담겨 있었다. 나는 어느새 그 편지를 기다리게 되었고 답장을 쓰지 않으면서도 속으로는 매일 답장을 써 내려가고 있었다. 특별할 게 없는 편지에서 꽃향기가 풍겼고, 봄바람이 불어오는 듯했다. 짧은 문장 하나에도 마음이 오래 머물렀고, 작은 말끝 하나에도 설레었다. 누군가의 시선 속에 내가 있다는 것, 누군가의 하루가 나로 인해 달라진다는 건 처음 겪는 벅찬 기쁨이었다.

그렇게 나의 사랑은 시작되었다. 복사꽃 피던 그날처럼 곱게 접힌 그 시 한 편처럼 내 마음에도 계절이 스며들며 잔잔한 물결이 일기 시작했다. 수줍게 움튼 사랑은 필락 말락 머뭇거리는 몽우리처럼, 조심스레 피어나 그의 한마디, 눈길 하나에도 괜히 가슴이 뛰었다. 짧은 인사에도 하루 종일 웃음이 맴돌았고, 마주 앉은 커피잔 사이로는 말하지 않아도 전해지는 마음이 있었다. 편지지 한 귀퉁이에 남겨진 낙서 같은 문장에도 따뜻한 숨결이 묻어 있었고, 그 작은 표현 하나에도 내 마음은 밤새 들떠 잠을 이루지 못했다.

그해 가을 끝자락, 우리의 마음은 서서히 익어 가더니, 마침내 조금씩, 아주 조금씩 꽃잎을 열기 시작했다. 어느새 그의 일상이 내 하루를 채우고, 그의 기쁨이 내 웃음이 되었다. 떨어져 있어도, 마음은 늘 같은 곳을 향했고, 우리는 오래전부터 하나였던 것처럼 자연스럽게 서로를 닮아 갔다. 그 사랑은 그렇게 계절을 건너고 해를 넘기며, 우리의 삶 속으로 조용히 스며들었다. 때로는 삶의 쉼표가 되어 주었고, 때로는 숨을 고를 수 있는 고요한 들녘이 되어 주었다. 그렇게 사랑은 우리 안에서 자라고 피어나, 어느 순간 활짝 핀 꽃이 되었다. 그 꽃에는 벌들이 날아들고 따스한 햇볕과 시원한 바람이 불었다. 하지만 사랑의 계절에도 늘 꽃길만 있지는 않았다. 예기치 못한 비바람이 몰아쳤고, 뜻밖의 눈보라에 길을 잃을 때도 있었다. 천둥번개에 무서워 벌벌 떨기도 했다. 그럴 때마다 우리는 서로의 체온으로 어둠을 견디고 손을 꼭 잡고 폭풍을 지나왔다.

그 후로 마흔 해가 흘렀다. 언젠가부터 그는 내 이름 대신 '여보'라 불렀고, 나는 그의 이름 대신 '당신'이라고 답했다. 함께 보낸 시간이 쌓이고 또 쌓여 우리는 어느새 '부부'라는 이름 아래 서로의 하루를 살아가고 있다. 크고 작은 계절을 건너는 동안, 사랑은 설렘에서 그리움으로, 그리움에서 애틋함으로 천천히 깊어졌다. 철없던 두 사람은 이제 서로의 건강을 먼저 걱정하는 나이가 되었고, 알 수 없는 내일 앞에서 서로의 손을 더 꼭 잡게 되었다. 좋아하는 반찬 하나에도 웃고, 소소한 날씨 얘기로 하루를 나눈다. 별일 없어도 좋고, 별말 없어도 괜찮다. 떨어질 수 없는 그림자처럼 서로를 기대며 하루를 살아가는 우리, 바람이 불면 그 바람을 함께 견디고, 해가 들면 그 햇살 아래 조용히 눈을 감는다. 그가 내 곁에 있어 준다는 건 세상이 내게 준 가장 큰 축복이다.

그날 그 봄처럼, 지금도 나는 그 사람으로 하루를 채운다. 사랑이란 더 크고 뜨겁게 타오르는 것이 아니라, 더 오래, 더 깊게, 잔잔히 머무는 것임을 배워 가는 중이다. 우리의 사계절을 지나며 수없이 많은 봄을 함께 맞았지만, 가장 눈부셨던 봄은 정갈하게 써서 내게 날아온 그날의 시 속에 여전히 살아 숨 쉬고 있다.

바람이 분다. 오늘도 우리는 손을 맞잡고 나란히 걷는다. 걸음은 느려졌지만, 마음만은 여전히 처음 그날처럼 봄빛 아래 서 있다. 오래전 그 시처럼, 지금도 우리의 하루는 은은한 분홍빛으로 천천히 물들어 가고 있다.

사랑을 세어보는 밤

ⓒ TCC, 2025

초판 1쇄 발행 2025년 10월 17일

지은이   TCC
펴낸이   이기봉
편집   좋은땅 편집팀
펴낸곳   도서출판 좋은땅
주소   서울특별시 마포구 양화로12길 26 지월드빌딩 (서교동 395-7)
전화   02)374-8616~7
팩스   02)374-8614
이메일   gworldbook@naver.com
홈페이지 www.g-world.co.kr

ISBN   979-11-388-4811-4 (03810)

- 가격은 뒤표지에 있습니다.
- 이 책은 저작권법에 의하여 보호를 받는 저작물이므로 무단 전재와 복제를 금합니다.
- 파본은 구입하신 서점에서 교환해 드립니다.